BERLIN MAPS

Sebastian Felix Ernst
Jonas Tratz
FAKT

RUBY PRESS

Einleitung

Singularitäten
Berlin ist eine Stadt der Singularitäten. Das gilt gleichermaßen für die dicht besiedelte Kernstadt wie den Übergangsraum in seine landschaftliche Umgebung. In nur einem Jahrhundert transformierte sich Berlin mehrere Male grundlegend, geprägt von unglaublichem Wachstum, Zerstörung und anschließendem Fortbestehen als siamesische Zwillingsstadt. Besonders die späteren dieser prägenden Phasen waren gekennzeichnet durch Stillstand oder gar Schrumpfen und stärkten die ohnehin ungewöhnliche Siedlungsform Berlins ohne klares Zentrum. Diese wechselnde Dynamik ganz gegensätzlicher politischer Antriebskräfte hat eine Vielfalt an räumlichen Besonderheiten hervorgebracht oder übrig gelassen. Heute sind diese gerade am Stadtrand noch nicht überformt und können daher bewahrt und fortentwickelt werden. Weil vor allem die inneren Bereiche Berlins sich zunehmend verdichtet haben, ist es folgerichtig, dass die Außenstadt und die para-urbanen Räume Berlins stärkere Beachtung finden. Denn auch hier wächst Berlin enorm, beinah unbemerkt. Da diese äußeren Bereiche im heutigen Stadtdiskurs nach wie vor nur zaghaft Beachtung finden, schlagen wir eine Umkehr dieser Wahrnehmungsgewohnheit vor. Der Rand muss mehr ins Zentrum der Aufmerksamkeit rücken, weil sich die Qualitäten von Berlin als Stadt erst in seiner gesamten Siedlungsfläche offenbaren. Nur wer auch die Grenzbereiche zwischen Berlin und Brandenburg als Raum betrachtet und begreift, entdeckt die unglaublichen verborgenen Potenziale und Möglichkeiten eines qualifizierten und neuartigen Wachstums.

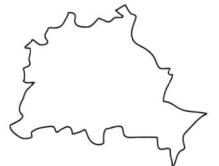 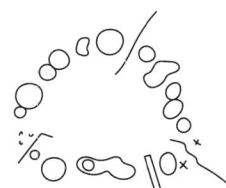

Raumkette
Gibt es eine arkadische Idee in Berlins Umland? Wenn man Arkadien (siehe Glossar) als eine ausgewogene Koexistenz von Landschaft und Kultur versteht, einen idealisierten Zustand, dann kommt einem vielleicht zuerst die über Jahrhunderte kuratierte Potsdamer Landschaft in den Sinn: definierte Landschaftsräume, gestaltete und gestaffelte Blickbeziehungen entlang der Havel mit wohldosierten Akzenten an Bebauung und künstlichen Ruinen. Betrachtet man jedoch den restlichen Umraum Berlins ohne überzogene Erwartungen, sondern vielmehr mit neugierigem Blick, so finden sich an ebenso vielen anderen Orten ambivalente Koexistenzen aus Landschaft und Architektur. Wenn man sich unvoreingenommen diesem umgebenden Landschafts- und Siedlungsraum nähert, der oftmals als weißer Fleck auf der Landkarte wahrgenommen wird, entdeckt man Erstaunliches. Das Berliner Umland ist nicht Suburbia nach amerikanischem Vorbild, ist kein Territorium aus Nicht-Stadt und Nicht-Natur. Der Raum um Berlin gleicht vielmehr einer wertvollen Perlenkette aus ganz charakteristischen Situationen, die teils von Menschen gemacht, teils natürlich entstanden sind. Kartiert und

Introduction

Singularities
Berlin is a city of singularities. This applies equally to the densely populated core city and the wider metropolitan area where the city encounters its surrounding countryside. In just one century, Berlin has undergone a series of fundamental transformations, marked by incredible growth, destruction, and a subsequent phase of survival as a Siamese twin city. This last formative phase was characterized by stagnation or even shrinkage, strengthening Berlin's already unusual polycentric settlement form, which is characterized by the absence of a clear core. These changing dynamics of antagonistic political forces forged a variety of spatial characteristics and abnormalities. Today, particularly on the outskirts of the city, these haven't yet been transformed, so they offer the potential for preservation and further development. With the increasing densification of Berlin's inner areas, it is logical that the outer city and para-urban spaces should get more attention as Berlin is growing, almost unnoticed, at a rapid pace. Because these outer areas still appear only tentatively in today's urban discourse, we propose a reversal—giving the periphery more attention, because the qualities of Berlin as a city only reveal themselves in its entire settlement area, in the interplay between dense urban realms and the nearly utopian natural reserves in direct proximity. Only those who also consider and understand the border area between Berlin and Brandenburg as a distinct space will discover the incredible hidden potential and opportunities for intelligent growth.

Spatial chain
Is there an Arcadian idea in Berlin's surrounding area? If Arcadia (see glossary) is understood as a balanced coexistence of landscape and culture, an idealized state, then perhaps the Potsdam cultural landscape, curated over centuries, comes to mind first: defined panoramas, designed and staggered views along the Havel with frequent accents of buildings and artificial ruins. Yet if one looks at the rest of the area surrounding Berlin—without exaggerated expectations, but rather with a curious eye—it's not hard to find many places where the landscape and architecture exhibit a similarly ambiguous interaction. Approaching this surrounding region, often perceived as a blank spot on the map, without prejudice and as uncharted territory, reveals something astonishing. The outskirts of Berlin are not suburban according to the American model, neither a territory of non-existing urban intensity nor a place defined by an absence of nature. Rather, the area around Berlin resembles a string of pearls made up of characteristic situations, some man-made and some natural. Mapping and exploring Berlin's surroundings along the political border with Brandenburg, one discovers microcosms and unexpected situations; There's a wealth of very different places, but not a uniform, homogeneous suburb that could be described by simple generic rules. There are expansive forests in the East and West, green neighborhoods, moors and swamps along the former Inner German border

erforscht man Berlins Umland entlang der politischen Grenze, entdeckt man Mikrokosmen und komplett unerwartete Erscheinungsformen; man begegnet einem Reichtum an ganz verschiedenen Orten, aber keiner uniformen, homogenen Vorstadt, die sich mit einfachen Regeln beschreiben ließe. Man findet großzügige Forstgebiete in Ost und West, durchgrünte Nachbarschaften, Moore und Sümpfe entlang des ehemaligen Grenzstreifens, ungewöhnliche urbane Phänomene wie die West-Berliner Exklaven außerhalb des vormaligen West-Berlins und Fluchttunnel oder die Landschaft des Berliner Südens mit künstlichen Grenzbergen und den eiszeitlichen Müggelbergen. Berlin ist weit über seinen Rand hinaus überaus reich an Themen und Geschichten. Das Berliner Umland kennt tatsächlich nicht nur eine, sondern besteht aus unzähligen arkadischen Ideen.

Die Kartographierung all dieser Sonderfälle zeigt: Die Grenze als Sonderraum, als diverse Ressource von Narrativen und Lebensformen, ist viel reichhaltiger als die mittlerweile durchgentrifizierte und homogenisierte Berliner Innenstadt. Dieser unerkannte „Außenstadtring", gleichwertig aus Gebäuden, Infrastrukturen und Landschaftsformen zusammengesetzt, bleibt nämlich auch in einer weiteren Dimension oft ohne Aufmerksamkeit: in Umfang und Reichweite der stadt- und raumplanerischen Auseinandersetzung. Während die Berliner Innenstadt seit mittlerweile mehr als drei Jahrhunderten beplant, organisiert, strukturiert, verwaltet und reguliert wird, ist das Berliner Umland in großen Teilen zwar kein rechtsfreier, aber doch ein selbst-, und teilweise unterverwalteter Raum. Nach dem Krieg durch die innerdeutsche Grenze, heute durch Deutschlands föderale Struktur zerteilt, hat der Grenzraum benachbarter Stadtbezirke Berlins und Gemeinden Brandenburgs teilweise innerhalb einer Grenzabwicklung von wenigen Kilometern bis zu fünf zuständige Stadtplanungs- und Bauämter. Berlin wächst sternförmig in die angrenzenden Kreise Brandenburgs hinein, in das Nachbarbundesland, das Berlin kreisförmig umschließt. Das hat zur Folge, dass das Um- und Grenzland, wirtschaftlich und im Lebensalltag der Bewohner bereits zum Stadtgebiet gehörig, von einer Unmenge differenzierter Gemeinden und Bezirke verwaltet wird. Während diese Situation sicherlich eine gewisse Vielfalt ermöglicht hat, wird sie heute zunehmend zu einer strukturellen Bedrohung, da die bedeutsamen und wichtigen räumlichen Bezüge von Berlin zu seinen Umräumen und Naturräumen ohne jegliche gemeinsame kohärente Vision weitgehend zersiedelt werden könnten.

Denn das Einfamilienhaus mit eigenem Garten ist und bleibt das erstrebenswerte Wohnmodell der Deutschen. Jährlich werden in Deutschland mehr als 100.000 dieser Eigenheime errichtet. Angesichts steigender Mietpreise in Berlins Innenstadtbezirken nimmt die Attraktivität selbst weit abgelegener Siedlungsbereiche immer mehr zu. Berlin wächst krakenartig entlang der sich in die Peripherie ausbreitenden Straßen- und Bahnnetze. Gemeinden zonen Gebiete ein, um der Nachfrage nach Bauland gerecht zu werden – dies in einer Zeit, in der die kompakte Stadt aus Nachhaltigkeitsgründen notwendiger scheint denn je, um die Ressource Boden zu schonen. Innerhalb eines fragwürdigen, parzellenbasierten Siedlungskorsetts entstehen wenig flexible, oftmals mangelhaft

strip, unusual urban phenomena such as escape tunnels and the exclaves outside the former western zone, or the landscape of the southern fringe with artificial mountains and the glacially formed Müggelberge. Berlin is extremely rich in themes and stories even far beyond its borders. In fact, the city's surrounding area doesn't offer just a single Arcadian landscape, but an almost countless number.

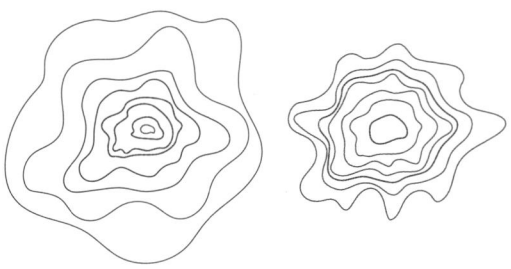

The cartography of all these special cases shows the border area as a distinct place, as a diverse resource of narratives and ways of life. One could make the case that today it's much richer than the now thoroughly gentrified and homogeneous center. This unrecognized "outer city ring," equally composed of buildings, infrastructure, and landscape forms, often goes unnoticed in another dimension: the scope and range of the urban and spatial planning debate. While Berlin's inner city has been planned, organized, structured, and administered for more than three centuries, the hinterland is not anarchic or untouched by legislative constraints, but is still a partially self-governed and loosely administered space. After the war, with the Inner German frontier, and today divided by Germany's federal structure, the border region of neighboring districts of Berlin and Brandenburg municipalities sometimes have as many as five responsible urban planning and building authorities within just a few kilometers. The star-shaped structure grows into Brandenburg, the federal state that surrounds Berlin, meaning that the city's border area—already part of the urban area economically and in the everyday lives of its inhabitants—is subdivided and administered by a vast number of different municipalities and districts. While this situation has allowed for a degree of diversity, it is now increasingly becoming a structural threat as the important spatial bonds between Berlin and its surrounding areas and natural spaces could be largely dissipated due to the lack of any coherent vision.

The single-family home with its own garden remains a desirable residential model for Germans. More than 100,000 new single-family abodes are built in Germany every year. Given the rising rents in central Berlin, the attractiveness of even the most remote areas of the city is increasing all the time. Berlin is growing, octopus-like, along the road and rail networks of the periphery. Municipalities are zoning areas to meet the demand for buildable land just as the compact city seems more necessary than ever for sustainability reasons. Within this questionable, parcel-based corset of settlements, largely inflexible, often poorly constructed buildings are erected with a useful lifespan that often lasts only until the children move out. To counteract this

konstruierte Gebäude mit einer Erstnutzungsdauer, die oft gerade einmal bis zum Auszug der Kinder andauert. Wir glauben, dass die „Umstadt" (siehe Glossar), der Ring aus Grün-, Natur- und Siedlungsräumen außerhalb der Kernstadt, eines besonderen Schutzes, aber auch einer kritischen Betrachtung in Bezug auf seine Nutzbarmachung bedarf, um dieser fatalen Entwicklung entgegenzuwirken. Diese Nachbarschaften müssen neu betrachtet werden im Hinblick auf ihr Verdichtungspotenzial und neue, stärker gemeinschaftlich orientierte Lebensmodelle. Viele Nachbarschaften haben dafür einschlägige und individuelle Potenziale, die man mit einer gezielten Stadtentwicklung entfalten kann.

Expedition
Wie kann man sich ein urbanes Arkadien vorstellen, ein neues Groß-Berlin, hochverdichtet und doch durchgrünt und nachhaltig? Wie können die Randbereiche der Stadt zu lebenswerten und differenzierten Stadtvierteln und sozialen Nachbarschaften wachsen, die bewusst andere Qualitäten einlösen als das existierende Modell metropolitaner Innenstädte? Könnte die Idee einer idealen Landschaft, in der Mensch und Natur im Gleichgewicht existieren, nicht gerade in den para-urbanen Räumen eingelöst werden? Wäre dieses Arkadien nicht ein Amalgam aus Landschaft und den Notwendigkeiten von Stadt: Dichte, Mobilität und programmatische Diversität? Diese und weitere Fragen haben uns dazu gebracht, uns auf eine Expedition in das eigentlich Vertraute zu begeben und die nahen Räume, welche gerade dem Sichtfeld entschwinden, einem zweiten Blick zu unterziehen und mit diesem Atlas eine doppelte Bestandsaufnahme zu liefern: einen ungekannten Blick auf ein Berlin, das es gab oder schon gibt, und auf ein Berlin, das es noch geben könnte.

Kaleidoskop
Die Struktur des Buches entspricht bereits einer grundsätzlichen Beobachtung, die wir im Laufe unserer inhaltlichen Recherche und der Expeditionen ins Umland, aber auch in unserer professionellen Arbeit als junges Architekturbüro gemacht haben: Die Realität der Vorstädte ist alles andere als banal, sondern überraschend vielschichtig.
Sie funktioniert vor allem grundsätzlich anders als die Kernstadt Berlins. Die stark überformten und durch den Hobrecht-Plan in eine formalisierte und egalisierende Struktur gegossenen Innenstadtbezirke folgen dem Prinzip der Blockrandbebauung mit Hofstrukturen und im weitesten Sinne den wilhelminischen Idealen des Städtebaus oder vereinzelt dem Modell der aufgelockerten Stadt der Nachkriegsmoderne. Im Unterschied dazu lässt sich die „Umstadt" nicht einfach über eine bloße Beschreibung von Gebäuden und Straßenräumen verstehen. Wenn man die räumlichen Zusammenhänge beschreiben will, haben die zugrunde liegenden Verhältnisse von Bewuchs, Bodenbeschaffenheit, dem Grundwasserstand sowie angrenzender Wasserflächen oft eine höhere Relevanz als die baulichen Gegebenheiten. Großmaßstäbliche Zusammenhänge wie das Urstromtal oder der Verlauf der Flüsse bilden die historische Begründung der Siedlungsform. Im selben Moment sind sie bereits heute räumliche Phänomene, die die politischen Grenzen der Stadt überschreiten und Räume anders verknüpfen. Aus Sicht der geologischen und glazialen

fatal development, the "Umstadt" (see glossary)—the ring of green, natural, and settlement areas outside the core city—requires special protection and critical consideration of its utilization of space. These neighborhoods must be reassessed in terms of their potential for densification, sustainability, and resilience with new, more community-oriented models of life and architecture. Many neighborhoods offer latent potential for these concepts, which can be nurtured in the context of site-oriented urban development.

Expedition
How can one imagine an Urban Arcadia, a new Greater Berlin, highly dense yet green and sustainable? How can the periphery of the city grow into livable, differentiated urban areas and social neighborhoods that consciously embrace qualities different from the existing model of metropolitan city centers? Could the idea of an ideal landscape, in which man and nature exist in balance, be fulfilled in Berlin's para-urban spaces? Wouldn't this Arcadia be an amalgam of landscape and the necessities of the city: density, mobility and programmatic diversity? These and other questions have led us to embark on an expedition into what seems familiar, and to take a second look at nearby spaces that are invisible from the inner city and risk disappearing. With this atlas, we provide a double inventory, a mirror image: an unfamiliar view of a Berlin that existed or already exists, and a look at a Berlin that might still come to existence.

Kaleidoscope
The structure of the book corresponds to a basic observation we made in the course of our research and expeditions into the surrounding area of Berlin, but also to our professional work as a young architectural firm: the reality of the suburbs is anything but banal, and surprisingly complex.
Above all, it functions quite differently from the core of Berlin. The inner-city districts have been heavily overhauled and, through the Hobrecht Plan, given a highly formalized and egalitarian structure. Apart from some sporadic examples of modernist urbanism, they follow the principle of perimeter block development with courtyard structures and, in the broadest sense, the Wilhelmine ideals of urban planning. The "Umstadt," by contrast, can't be understood simply by describing buildings and street spaces. If one wants to understand the spatial relationships, then the underlying conditions of vegetation, soil conditions, groundwater levels and adjacent water surfaces, and more often have a higher relevance than man-made structures. Large-scale contexts such as the glacial valley or the course of the rivers form the historic nucleus of the settlement form, which originated at a river crossing. At the same time, these spatial phenomena transcend the political boundaries of the city and connect areas that are administratively divided into new relationships. From the perspective of geological and glacial formations, Berlin does not end at the southern border of Neukölln.

Formationen endet Berlin nicht an der Südgrenze Neuköllns.

Natürlich / Künstlich / Rechtlich

Um diese Erkenntnis in die Struktur des Buches zu übertragen, haben wir es in drei gleichwertige Themenbereiche unterteilt:

I) Die Stadt als natürlich geformtes Territorium, eiszeitliche Einflüsse und am Beginn der Besiedelung vorgefundene Naturräume, Wasserläufe und Ressourcen.
II) Die Stadt als menschengemachtes Behemoth, als gebaute Landschaft, gebildet durch jahrhundertelange Bautätigkeit und Terraforming, die Stadt als maschinengleiches Wesen, das sein Territorium unter, auf und über der Erde formt und konstruiert.
III) Und schließlich die Stadt als legislatives, dreidimensionales Raumgeflecht aus Regeln, Verordnungen und Erlassen, welche die beiden ersten Kategorien maßgeblich beeinflusst und letztendlich in den Dimensionen und Former der gebauten Architektur auch einen manifestierten physischen Einfluss geltend macht.

Auch wenn wir Qualitäten wie natürlich, künstlich und rechtlich als jeweils singuläre Landschaftsideen beschreiben, sind wir uns bewusst, dass eine eindeutige Abgrenzung ohne Wechselwirkung nicht denkbar ist. Doch treten ihre jeweiligen Besonderheiten einzeln betrachtet klarer hervor, sodass man die Dynamik ihres Zusammenspiels in der Realität umso besser nachvollziehen kann.
In diesen drei Kategorien behandeln wir wiederum in sechs Unterkapiteln Themen, die es erlauben, Querbezüge zwischen den Kategorien herzustellen: Morphologie, Schichtungen, Wasser, Netzwerke, Inseln und Feld werden somit dreifach betrachtet, jedes Mal mit anderem Schwerpunkt. Der Leser kann sich so auch auf der horizontalen Lesart zwischen den drei Hauptfeldern bewegen und zusätzliche Erkenntnisse über Zusammenhänge und Assemblagen aus natürlicher und menschengemachter Morphologie oder über legislative Formationen und ihren Einflusses auf die Siedlungsstruktur gewinnen. Durch diese didaktische Trennung, das feine Schneiden von Bedeutungsebenen und ein quasi-wissenschaftliches Vorgehen, werden sowohl neue als auch bereits existierende Zusammenhänge visuell unmittelbar verständlich. Sie können die Grundlage für eine neue Wahrnehmung und zukünftige Entscheidungen und Planungen liefern. So werden in den einzelnen Kapiteln und Darstellungen auch verschiedene zeitliche Ebenen erfasst. Es wird zurückgeblickt, in die Schichten und Sedimente der Vergangenheit, um Wachstum, Verschiebung und Perspektive zu liefern. Genauso wird das Zeitgeschehen der uns noch nahen Vergangenheit beleuchtet, um die aktuelle Situation einzuordnen. Damit bietet das Buch die nötigen Ausgangsparameter, um eine wohlbegründete Projektion zukünftiger Szenarien zu erauben.

Formate

Innerhalb dieser so abgesteckten 18 Themenfelder (3x6) haben wir versucht, den Anspruch auf Nachvollziehbarkeit, Klarheit und Präzision auch auf die jeweiligen Formate zu übertragen. Die einzelnen Thematiken werden in vergleichbaren grafischen Formaten dargestellt, um ihre inhaltliche Vernetzung

Natural / Artificial / Legislative

To transfer this insight into the structure of the book, we have divided it into three equal subject areas:

I) The city as a naturally formed territory, ice age influences and natural spaces, watercourses and resources found at the beginning of settlement.
II) The city as a man-made expanse, as a built landscape formed by centuries of construction and terraforming, the city as a machine-like being that forms and constructs its territory below, on and above the earth.
III) And finally, the city as a legislative, three-dimensional spatial network of laws, regulations and decrees, which decisively affect the first two categories and ultimately exert immense physical influence on the dimensions and forms of what gets constructed.

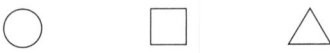

Even though we describe qualities such as natural, artificial, and legal as singular readings of landscape and structure, we are aware that a clear demarcation is impossible and only suitable for an analytical understanding. However, when viewed individually, their respective characteristics become clearer, so the dynamics of their interplay can be understood all the better. We divided each of the three categories into six subchapters of topics that allow cross-reference: morphology, layers, water, networks, islands, and field are all considered three times, but with a different focus and point of view. This allows the reader to move between the three main fields by cross-reading and interconnecting different chapters, therefore gaining additional insights into the relationships and assemblages of natural and man-made morphology or legislative formations and their influence on settlement structure. This didactic separation, splicing levels of meaning and a quasi-scientific approach, reveals both new and existing connections. They can provide the basis for a new perception of decisions in planning the future of Berlin. There are also different temporal levels in the individual chapters and representations. The reader looks back into the layers and sediments of the past, to provide growth, displacement and perspective, and into a possible fractal future by interpolating current trends. In the same way, the events of the recent past are illuminated to understand the current situation. Thus, the book provides the starting parameters needed to allow a well-founded projection of future scenarios.

Formats

The book illustrates the 18 topics (3x6) in comparable graphical formats to make their geometric and topological interconnection easily readable. Through these new connections, various areas of study can be superimposed or viewed individually. In the following, we would like to briefly explain the formats of the book, as they have a decisive influence on the collection and type of research and the way the book can

lesbar zu machen. Durch diese neuen Verbindungen kann man verschiedene Themen gedanklich überlagern oder einzeln für sich betrachten. Im Folgenden möchten wir die Formate des Buches kurz erläutern, da sie sowohl die Sammlung und Art der Recherche als auch die Lesart des Buches maßgeblich beeinflussen.

Erzählung – Zwei Doppelseiten sind jedem Thema gewidmet, eingeleitet werden sie mit einem kurzen Text. Ergänzt wird der Text mit einer beispielhaften Fallzeichnung, die sich in Maßstab und Darstellungsformat individuell dem Thema nähert. Die Zeichnung fungiert als Symbol, als Lupe über einer komplexen alten Schriftrolle. Über ein einfaches, klares Beispiel wird Fundamentales erläutert und grafisch auf Papier gebannt. Beides zusammen soll helfen, das Thema klar abzustecken, historisch einzuordnen und Querverweise zu anderen Themen anzudeuten.

Sammlung – Die Weite des Themas offenbart sich durch ihre einzelnen Bestandteile. Die Sammlung ist ein Versuch, die jeweiligen Fälle, lokalen Szenarien und architektonischen Objekte und Artefakte einzuordnen und zu vergleichen. Wir wählen deshalb eine Technik, die als Ordnungslogik schon lange auch aus den Naturkundemuseen der Welt als Mittel der Wissensbewahrung und der kritischen Betrachtung bekannt ist: Wir isolieren, ordnen und sortieren die Elemente ähnlich wie eine Sammlung getrockneter Schmetterlinge in einem Schaukasten.

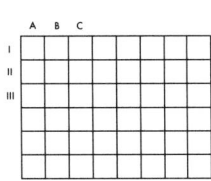 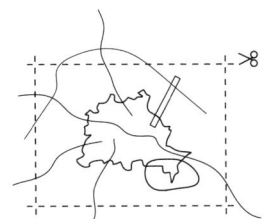

Landkarte – Im Rahmen einer Übersichtskarte mit jeweils identischem Ausschnitt wird Berlin im Zusammenhang mit seinem Umland im Atlasformat dargestellt. Die gewählte Thematik wird mithilfe einer Legende in die Karte eingetragen, während alle anderen Informationen zurücktreten. Die verortende Darstellungsweise zeigt, wo sich Phänomene verdichten oder öffnen. Bewusst haben wir vermieden, die politischen Grenzen hervorzuheben. Letztlich verhandelt das Buch achtzehnmal die Frage, was Berlins Stadtform war, was sie ist und was sie sein könnte.

Nullpunkte
Das Bewusstsein für die angesprochenen Thematiken hat sich für uns eher als eine Abfolge von Erlebnissen aufgebaut: Uns als gebürtigen Berlinern ist das Alleinstellungsmerkmal Berlins als frisch vereinigte Stadt mit den damit einhergehenden Folgen sehr präsent gewesen. Ein verheerender Krieg und die jahrzehntelange Teilung schafften die Freiräume unserer Jugend, die zwischengenutzten Brachflächen und Baulücken, die Berlin und sein Lebensgefühl der 1990er- und 2000er-Jahre prägten. Aber bereits im Studium begegneten uns die verschiedenartigen Planungsziele einer konservativen Innenstadtpolitik, einer Idee des Wiederaufbaus historischer Strukturen. Mindestens genauso sehr wie die um uns entstehende

be read.

Narrative – Two double pages are dedicated to each topic, introduced by a short text. The text is supplemented by an exemplary case drawing, which illustrates the topic in varying scales and presentation formats. The drawing functions as a symbol, a magnifying glass over a complex ancient scroll. A simple, clear example is used to explain fundamentals and graphically capture them on paper. Combined, the two elements should assist in defining the topic, classifying it historically and indicating cross-references to other topics.

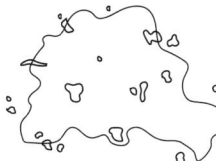 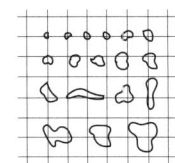

Collection – The breadth of each topic is revealed through its individual components. The collection is an attempt to classify and compare the respective cases, local scenarios, and architectural objects and artefacts. We therefore choose a logic of order that has long been employed by natural history museums to preserve knowledge and encourage critical observation: we isolate, order, and sort the elements, similar to the way a collection of dried butterflies might be pinned up in a showcase.

Map – Overview maps, each with identical framing and scale, presents Berlin and its surrounding area in atlas format. The various themes are entered into the map with the help of a legend, while all other information is hidden. The locating representation shows where phenomena condense or open up. In most cases, we have deliberately avoided emphasizing political boundaries. Ultimately, in 18 different instances, the book reevaluates what Berlin's urban form was, what it is and what it could be.

Square One
Our awareness of the issues we address developed as a sequence of experiences: The uniqueness of a freshly united city and the consequences of that unification have shaped us as native Berliners. A devastating war and decades of division created the open spaces of our youth, the wastelands and gaps between buildings that shaped Berlin and its lifestyle in the 1990s and 2000s. But even during our studies we encountered the differing planning objectives of conservative inner-city politics and the idea of rebuilding historical structures. At least as much as the reality of the unified Berlin that was emerging around us, we were consumed by questions of post-war modernism. Major competitions for the reconstruction of Berlin resulted in the contributions of the Smithsons and Hans Scharoun, and Mies van der Rohe's statement on the "desert" of the city: his temple in the void, the National Gallery built in the empty spaces opened up by war and wall. These proposals all found ways of dealing with the city's inner

Realität des vereinten Berlins beschäftigten uns die Fragestellungen der Nachkriegsmoderne mit den großen Wettbewerben zum Wiederaufbau Berlins, den Beiträgen der Smithsons und von Hans Scharoun sowie Mies van der Rohes baulicher Kommentar zur „Wüste" Berlin mit seiner auf freiem Feld errichteten Nationalgalerie als Tempel im Nichts, andere Umgänge mit der Leere im Innern. Als junge Architekten wurden wir Zeugen des Endes dieser historisch einmaligen Epoche, in der die Wohnungsmiete in einer europäischen Großstadt so viel kostete wie ein gemeinsames Abendessen in einem gehobenen Restaurant. Die wirtschaftlich wieder erstarkende Metropole brachte die vom Leerstand beflügelte kreative Epoche aus Kunst, Clubs und Zwischennutzungen unweigerlich zu einem Ende. Spätestens mit der Entscheidung, Berlin erneut zur Hauptstadt Deutschlands „zu küren", begann eine ökonomische Liberalisierung, die Privatisierungen euphorisch begrüßte und durch globale Spekulation mit Wohnungsimmobilien die Mietpreise in der Berliner Innenstadt genau für jene urbanen Pioniere unerschwinglich machte, die sie erst so attraktiv gemacht hatten. Hinzu kommen restriktive Wiederaufbaupläne und antiquierte Stadtbilder, welche das Miteinander von Kunst, Kultur und Wohnnutzung, das Berlin auszeichnet, durch mehr und mehr Regulationen gefährden, sodass Berlin sich Stück für Stück den überteuerten Metropolen Europas angleicht.

Vermessung

In dieser Phase des Umbruchs, in der auch die Frage nach den Grenzen der Stadt erneut gestellt werden muss, ergibt sich für uns als junge Bewohner und als schaffende Architekten die Chance eines besonderen Blicks, aber auch ganz neuer Herausforderungen. Der Grund für die Arbeit an diesem Buch ist eng verknüpft mit dem Wunsch und den Fragen wie und mit welchen Mitteln der Status quo eigentlich erfassbar und beschreibbar ist. Was sind unsere Werkzeuge und Darstellungsmittel, um die Dramatik der Veränderung und die historischen Dimensionen der Überformungen deutlich zu machen? Wie kann ein kleines Team akademisch ausgebildeter, aber wissenschaftlicher Laien dennoch einen starken Kommentar zur Struktur der Stadt formulieren, der sich nicht in Komplexität und Daten verliert, sondern die Schärfe und Deutlichkeit besitzt, die notwendig ist, um Neues zu ermutigen? Mit situativer Neugier, die uns selbst oft auch in Zeichnungen der jüngeren Generationen von japanischen Architekten berührt, begannen wir unsere Entdeckungsreise: Was lässt sich festhalten, aufzeichnen, typisieren? Was können wir lernen? Während unserer Lehrtätigkeit in unserem Entwurfsstudio am DIA Dessau untersuchten wir mit den Studierenden drei Jahre die Grenzbereiche Berlin-Brandenburg als Raum und entdeckten Phänomene und kuriose Orte, die dann gesammelt und geordnet wurden.

Spricht man über die Stadt außerhalb der Stadt, kommen Bezüge zu einer Berlin-Idee der späten 1970er-Jahre auf, der Stadt in der Stadt, wie sie beispielhaft in der Stadtvision „Berlin: ein grünes Archipel" (1977) von Oswald Mathias Ungers und Rem Koolhaas beschworen wurde. In ihren Zeichnungen erscheint die Stadt als eine amorphe Form. Strukturen werden darin als primitive Skulpturen hervorgehoben

emptiness during the post-war decade. As young architects, we witnessed the end of this historically unique period, in which the monthly rent for an apartment in this major European city might cost about as much as a shared dinner in an upscale restaurant. The economic revival of the metropolis inevitably ended the creative era of art, clubs, and temporary uses that had been fueled by vacancies and the low cost of living. When Berlin once again became the capital of Germany, economic liberalization euphorically welcomed privatization and, via global speculation in residential real estate, made rents in the city center unaffordable for the very urban pioneers who had made the place so attractive. Added to this are increasing numbers of rules, restrictive reconstruction plans, and antiquated cityscapes that threaten the coexistence of art, culture, and residential use that characterizes Berlin, bringing the city into line with other overpriced metropolises of Europe.

Measuring Berlin

In this phase of upheaval, in which the question of the city's boundaries must also be posed anew, we as young residents and as creative architects have the opportunity to develop a different view while also facing completely new challenges. The reason for this book is closely linked to questions of how the current status quo can be understood and described. What tools and means of representation can illustrate the drama of change and the historical dimensions of the transformations? How can a small team of academically trained but scientifically challenged individuals formulate a strong commentary on the structure of the city that does not lose itself in complexity and data, but has the sharpness and clarity needed to encourage something new? We began our voyage of discovery with situational curiosity that was abetted by, for instance, detailed drawings of the younger generations of Japanese architects: What can be captured, recorded, typified? What can we learn? While teaching in our design studio at DIA Dessau, we spent three years with students exploring the border areas of Berlin-Brandenburg as a space, discovering phenomena and curious places that we then collected and arranged.

When we talk about the city outside the city, we evoke references to an idea of the late 1970s, the city within the city elegantly detailed in "Berlin: a green archipelago" (1977) by Oswald Mathias Ungers and Rem Koolhaas. In their drawings, the city appears as an amorphous form. Structures are highlighted as primitive sculptures and made readable as oversized architectures. The city as a group of islands, as an accumulation of measurable, describable individual contexts, is mapped in a precise grid of lines. This is our tool

und als überdimensionierte Architekturen lesbar gemacht. Die Stadt als Inselgruppe, als Ansammlung messbarer, beschreibbarer Einzelzusammenhänge wird in einem präzisen Linienraster kartographiert. Das ist unser Werkzeug.

Ungesehen

Wir erhoffen uns, mit diesem Buch einen neuen Blick auf diese wunderbare und facettenreiche Stadt zu geben. Ganz gleich, ob ein planerischer oder gestalterischer Hintergrund besteht, wünschen wir uns, die Neugier zu entfachen: Was ist die Form der Stadt, in der ich lebe und arbeite oder die ich vielleicht nur besuche? Und wie hat sie sich entwickelt, wie spekulieren wir gemeinsam über ihre Zukunft? Anregen zum Erträumen eines Berlins von morgen, worüber denkt man in 50 Jahren nach, worauf blicken wir zurück …

Um zu einer holistischen und weniger auf Objekte fokussierenden Sichtweise zu gelangen, einer Stadtplanung, in der nicht die steinerne Sichtachse, sondern der Raum als komplexes Habitat betrachtet wird, wollen wir die Themenfelder nicht isoliert und übermäßig fachspezifisch betrachten. Analog zu den Atlanten der elementaren Schulbildung soll dieses Buch jedem ermöglichen, neue territoriale Zusammenhänge zu entdecken. Natürliche Landschaft, gebaute Strukturen und Rechtslagen werden als gleichberechtigte Kräfte unserer gebauten Umwelt identifiziert. Wir versuchen, sie in den Plänen und Zeichnungen dieses Buches zu fassen und erlebbar zu machen.

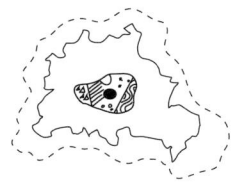 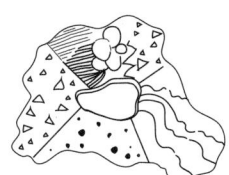

Erscheinung

Welche Potenziale für eine nachhaltige, wachsende Entwicklung dieser Metropole liegen in den ignorierten peripheren Lagen und im Brandenburger Umland, Orten, die zwangsläufig mehr Stadt werden, mehr Stadt werden müssen? Welche Baugesetze und welche Siedlungsideale lassen sich ableiten, wenn man Berlin vor allem als Stadt der Netzwerke begreift, als komplexes Rhizom? Oder nur als Summe isolierter kleiner Staatsgebilde mit eigenen Gesetzen und Enklaven? Was bedeutet das Leben auf einem Berg, auch wenn dieser Berg aus Bauschutt zusammengetragen wurde und nur 50 Meter in den Himmel ragt? Welche neuen Siedlungen, Mikrozentren und Naturkleinode werden in den kommenden Dekaden von Berlin verschlungen, einverleibt oder neugeboren? Berlin wird sich dann messen lassen müssen an der Kraft der Ideen, die wir heute zu formulieren wagen, an Träumen einer dichten, belebten und doch naturnahen arkadischen Lebenswelt. Was lehrt uns das Bemühen um neue, klare Blickwinkel auf Verschwundenes und Entstandenes, wenn wir Geschichte auch als Zukunftsvision verstehen? Um mit den Worten Bertolt Brechts zu enden: Ändere die Welt, sie braucht es! In unserem Sinne:

Zeichne die Welt, sie braucht es!

and our mindset.

Unseen

We hope that this atlas will spark new views of this wonderful and multifaceted city. Whether the reader has a background in planning or design, or just plain interest, we hope to arouse curiosity: What is the shape of the city that I live and work in, or which I perhaps only visit? And how has it developed; how do we imagine its future? To inspire us to dream of a Berlin of tomorrow, we consider what people might think in 50 years, and what we will look back on.

To achieve a holistic and less object-focused view, an urban planning in which space is seen not only as materialized architecture but also as a complex habitat, we do not want to look at our themes in isolation and in an overly subject-specific way. Just like an atlas in elementary school education, this book should enable everyone to discover new territorial relationships. We consider natural landscapes, man-made structures, and legislative situations as equal forces in our built environment. We try to capture them in the plans and drawings of this book and make them tangible.

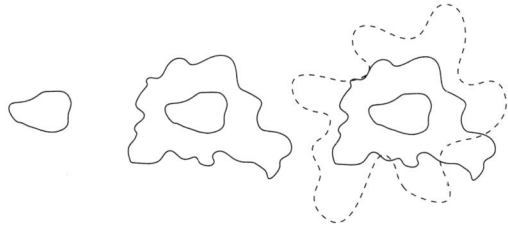

Emergence

What possibilities for sustainable development of this metropolis lie hidden in the ignored peripheral locations and in the Brandenburg environs, places that are inevitably becoming more urban? What building laws and settlement ideals can be created if Berlin is understood primarily as a city of networks, as a complex rhizome? Or only as the sum of isolated small state entities with their own laws and enclaves? What does life on a mountain mean, even if this mountain is made of rubble and rises just 50 meters into the sky? What new settlements, micro-centers, and natural gems will be devoured, incorporated or rebirthed by Berlin in the coming decades? Berlin will then have to be measured by the power of the ideas we dare to formulate today, dreams of a dense and lively but nature-oriented, Arcadian living environment. What does the pursuit of new, clear perspectives on what has disappeared and what has emerged teach us if we also understand history as a vision of the future? To end with the words of Bertolt Brecht: Change the world, it needs it! Or, as we might paraphrase him:

Draw the world, it needs it!

WIE LIEST MAN DIESES BUCH
HOW TO READ THIS BOOK

Die Karten leiten durch Berlins städtische Merkmale, Geografie und gebaute Geschichte mit dem Ziel, einen neuen, aktuellen Blick auf die Form der Stadt zu ermöglichen: Welche und wie viele Städte gibt es? Die Realitäten des Natürlichen O, des vom Menschen Geschaffenen □ und der Gesetzgebung △ schreiben drei verschiedene und doch miteinander verwobene Narrative über die gegenwärtige und zukünftige Entwicklung Berlins: Welches sind die Einflüsse, Gemeinsamkeiten und Konflikte?
Querlesen (unten) lädt zu einer kreativen Kreuzung von Informationsebenen ein: Was passiert, wenn die Komplexität der Stadt grafisch deutlich wird und neu kombiniert werden kann?

The maps lead you through Berlin's urban features, geography as well as built history with the aim of allowing a new, contemporary view of the shape of the city: What and how many cities are there?
The realities of natural O, man made □ and legislative △ write three seperate and yet intertwined narratives of Berlin's present and future developement: what are the influences, communions and conflicts?
The crossreadings (below) invite you to a creative combination of information layers: what happens when the complexity of the city becomes graphically clear and can be recombined?

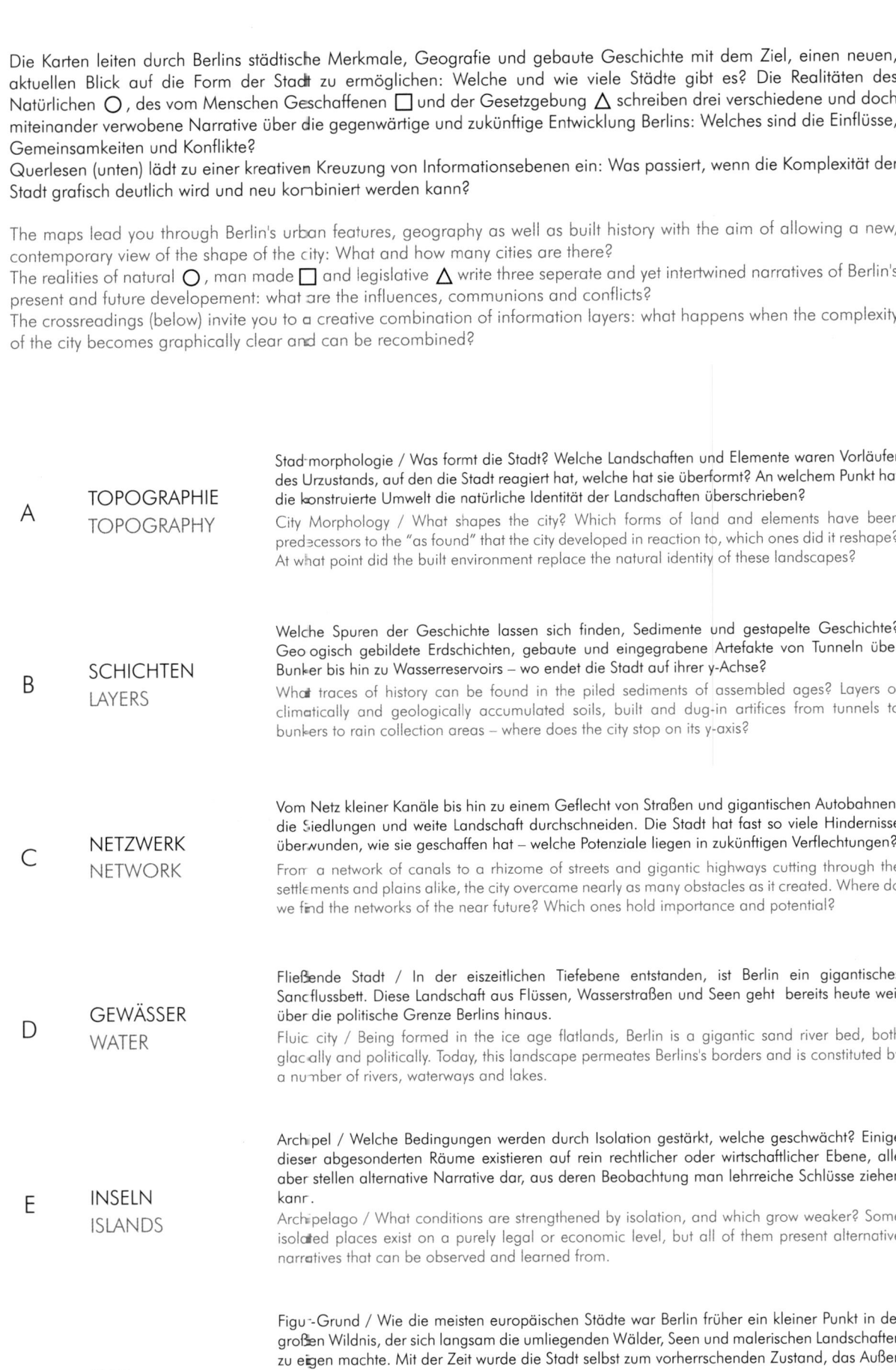

A   TOPOGRAPHIE
TOPOGRAPHY

Stadtmorphologie / Was formt die Stadt? Welche Landschaften und Elemente waren Vorläufer des Urzustands, auf den die Stadt reagiert hat, welche hat sie überformt? An welchem Punkt hat die konstruierte Umwelt die natürliche Identität der Landschaften überschrieben?
City Morphology / What shapes the city? Which forms of land and elements have been predecessors to the "as found" that the city developed in reaction to, which ones did it reshape? At what point did the built environment replace the natural identity of these landscapes?

B   SCHICHTEN
LAYERS

Welche Spuren der Geschichte lassen sich finden, Sedimente und gestapelte Geschichte? Geologisch gebildete Erdschichten, gebaute und eingegrabene Artefakte von Tunneln über Bunker bis hin zu Wasserreservoirs – wo endet die Stadt auf ihrer y-Achse?
What traces of history can be found in the piled sediments of assembled ages? Layers of climatically and geologically accumulated soils, built and dug-in artifices from tunnels to bunkers to rain collection areas – where does the city stop on its y-axis?

C   NETZWERK
NETWORK

Vom Netz kleiner Kanäle bis hin zu einem Geflecht von Straßen und gigantischen Autobahnen, die Siedlungen und weite Landschaft durchschneiden. Die Stadt hat fast so viele Hindernisse überwunden, wie sie geschaffen hat – welche Potenziale liegen in zukünftigen Verflechtungen?
From a network of canals to a rhizome of streets and gigantic highways cutting through the settlements and plains alike, the city overcame nearly as many obstacles as it created. Where do we find the networks of the near future? Which ones hold importance and potential?

D   GEWÄSSER
WATER

Fließende Stadt / In der eiszeitlichen Tiefebene entstanden, ist Berlin ein gigantisches Sandflussbett. Diese Landschaft aus Flüssen, Wasserstraßen und Seen geht bereits heute weit über die politische Grenze Berlins hinaus.
Fluid city / Being formed in the ice age flatlands, Berlin is a gigantic sand river bed, both glacially and politically. Today, this landscape permeates Berlins's borders and is constituted by a number of rivers, waterways and lakes.

E   INSELN
ISLANDS

Archipel / Welche Bedingungen werden durch Isolation gestärkt, welche geschwächt? Einige dieser abgesonderten Räume existieren auf rein rechtlicher oder wirtschaftlicher Ebene, alle aber stellen alternative Narrative dar, aus deren Beobachtung man lehrreiche Schlüsse ziehen kann.
Archipelago / What conditions are strengthened by isolation, and which grow weaker? Some isolated places exist on a purely legal or economic level, but all of them present alternative narratives that can be observed and learned from.

F   FELD
FIELD

Figur-Grund / Wie die meisten europäischen Städte war Berlin früher ein kleiner Punkt in der großen Wildnis, der sich langsam die umliegenden Wälder, Seen und malerischen Landschaften zu eigen machte. Mit der Zeit wurde die Stadt selbst zum vorherrschenden Zustand, das Außen wird zum Innen.
Black and White space / As most European cities, Berlin used to be a small dot in the large wilderness, slowly customizing the surrounding forests, lakes and scenic landscapes. Over time, city itself became the prevalent condition: outside becomes inside.

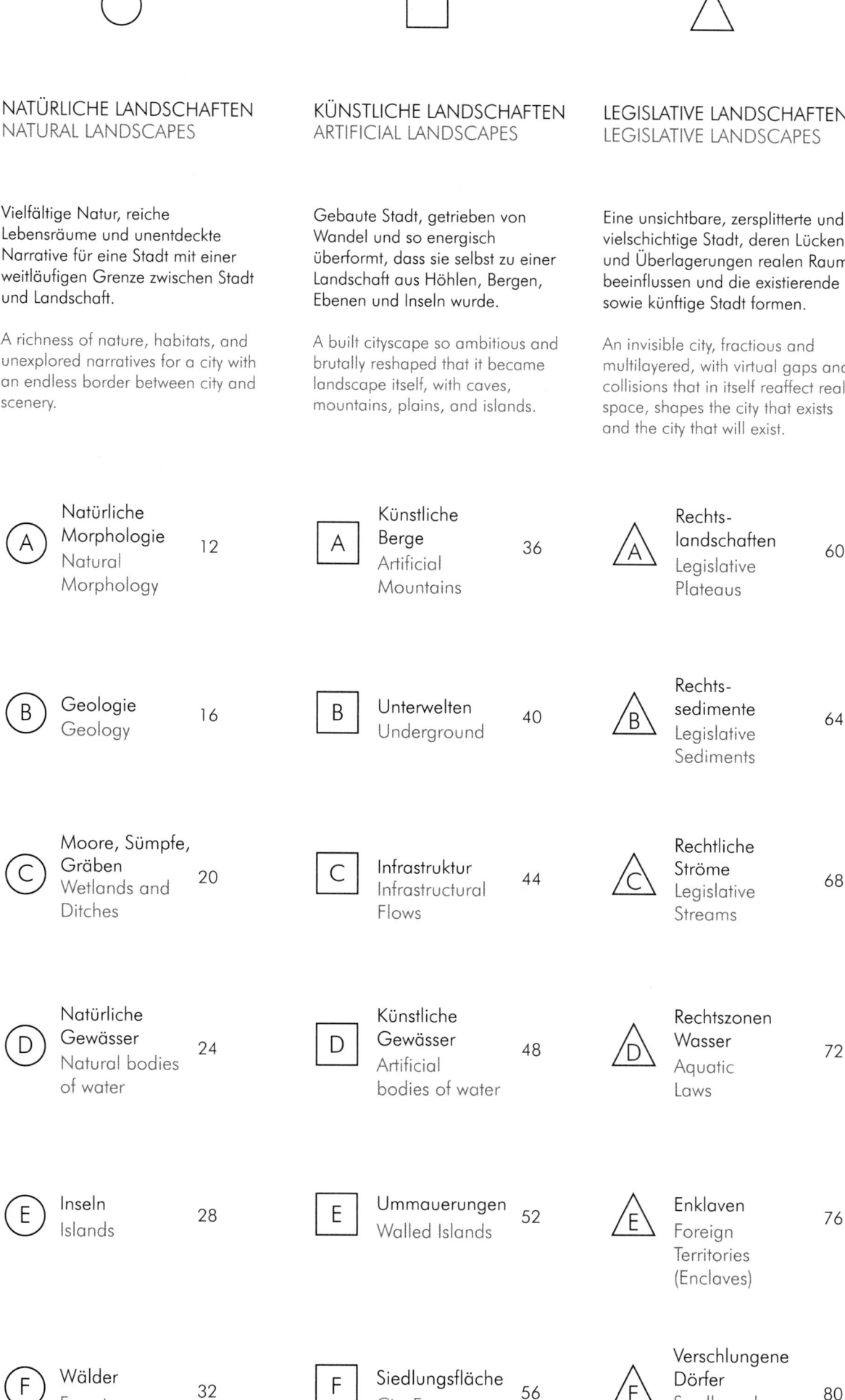

NATÜRLICHE LANDSCHAFTEN
NATURAL LANDSCAPES

Vielfältige Natur, reiche Lebensräume und unentdeckte Narrative für eine Stadt mit einer weitläufigen Grenze zwischen Stadt und Landschaft.

A richness of nature, habitats, and unexplored narratives for a city with an endless border between city and scenery.

KÜNSTLICHE LANDSCHAFTEN
ARTIFICIAL LANDSCAPES

Gebaute Stadt, getrieben von Wandel und so energisch überformt, dass sie selbst zu einer Landschaft aus Höhlen, Bergen, Ebenen und Inseln wurde.

A built cityscape so ambitious and brutally reshaped that it became landscape itself, with caves, mountains, plains, and islands.

LEGISLATIVE LANDSCHAFTEN
LEGISLATIVE LANDSCAPES

Eine unsichtbare, zersplitterte und vielschichtige Stadt, deren Lücken und Überlagerungen realen Raum beeinflussen und die existierende sowie künftige Stadt formen.

An invisible city, fractious and multilayered, with virtual gaps and collisions that in itself reaffect real space, shapes the city that exists and the city that will exist.

A	Natürliche Morphologie / Natural Morphology	12	A	Künstliche Berge / Artificial Mountains	36	A	Rechtslandschaften / Legislative Plateaus	60
B	Geologie / Geology	16	B	Unterwelten / Underground	40	B	Rechtssedimente / Legislative Sediments	64
C	Moore, Sümpfe, Gräben / Wetlands and Ditches	20	C	Infrastruktur / Infrastructural Flows	44	C	Rechtliche Ströme / Legislative Streams	68
D	Natürliche Gewässer / Natural bodies of water	24	D	Künstliche Gewässer / Artificial bodies of water	48	D	Rechtszonen Wasser / Aquatic Laws	72
E	Inseln / Islands	28	E	Ummauerungen / Walled Islands	52	E	Enklaven / Foreign Territories (Enclaves)	76
F	Wälder / Forests	32	F	Siedlungsfläche / City Expanses	56	F	Verschlungene Dörfer / Swallowed Villages	80

NATÜRLICHE MORPHOLOGIE
NATURAL MORPHOLOGY

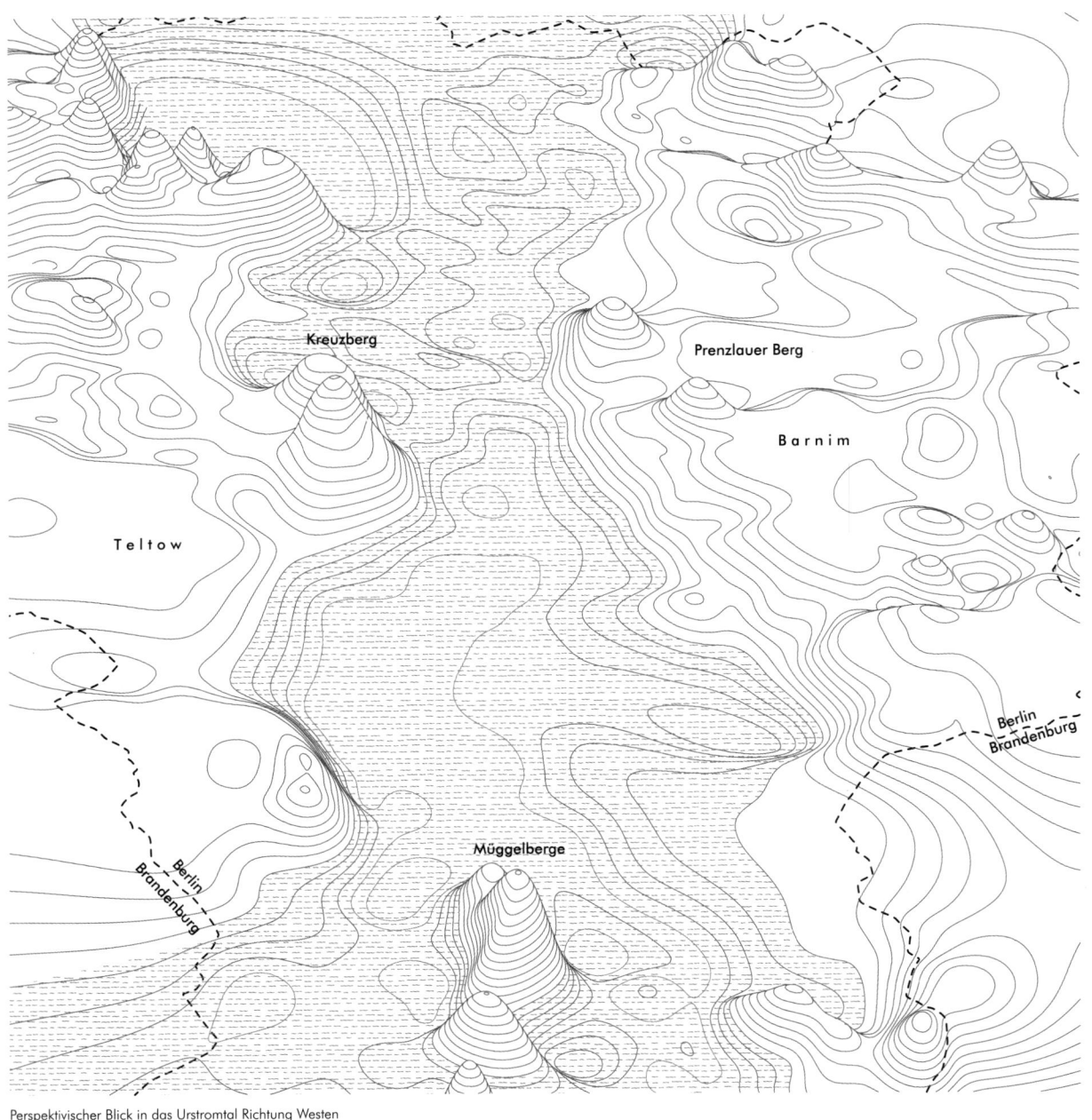

Perspektivischer Blick in das Urstromtal Richtung Westen
Perspective view into the glacial valley looking west

Berlin scheint flach, erst auf den zweiten Blick zeigt sich eine nuancierte Landschaft. Eingebettet in die sanfte Topographie des Urstromtals offenbaren sich Anhöhen, Geländeversprünge, Täler, fossile Dünen und Niederungen.

Ortsnamen wie Kreuzberg, Schöneberg und Prenzlauer Berg zeugen von der landschaftlichen Wahrnehmung der Umgebung eines damals noch kleinen Berlins. Die Anfänge der Besiedlung liegen in der sumpfigen, aber auch flachen Rinne des von Osten nach Westen verlaufenden Urstromtals. Mit dem Wachstum Berlins erstreckt sich die Bebauung schließlich über die Flussniederungen hinaus. So wächst die Stadt auch in die bewegtere Umgebung und dehnt sich bis auf die höher gelegenen Bereiche des Teltows und des Barnims aus.

Zeichnet man eine Schnittlinie durch die verschiedenen natürlich entstandenen Höhenzüge, so zeichnet sich ein landschaftliches Repertoire an „Graten, Gipfeln und Hängen" im Berliner Relief ab. Obwohl sich die meisten Spitzen kaum weiter als 70 Meter über das Stadtgebiet erheben, erscheinen sie gerade im Vergleich zum sonst eher flachen Stadtkörper als markante Akzente.

Sowohl die Kanten des Urstromtals als auch einzelne Hochpunkte erzeugen jedoch selten spezifische und auf natürliche Gegebenheiten reagierende Siedlungsformen. Sie sind auch im Sinne einer Naherholung nicht immer erschlossen und „kuratiert", obwohl sich die weiche Landschaft der „Berliner Höhen" durchaus als themengebend für den Groß-Berliner Landschafts- und Siedlungsraum anbietet.

Berlin seems flat, and only after a second glance does its nuanced landscape emerge. Embedded in the gentle topography of the Urstromtal - glacial valley - are hills, fossil dunes, and lowlands.

The names of districts such as Kreuzberg, Schöneberg, and Prenzlauer Berg reflect the erstwhile scenic perception of the surroundings of what at the time was a small Berlin. The beginnings of the settlement lie in the swampy, shallow gully of the Urstromtal running from east to west. As the city grew, development extended beyond the river banks into hillier surroundings, and finally to the higher plateaus of Teltow and Barnim.

A section line drawn through the various naturally formed mountain ranges would reveal a scenic repertoire of "ridges, peaks, and slopes" in the Berlin relief. Although few of the peaks rise more than 70 meters above the surrounding area, they appear as striking accents, especially in comparison to the otherwise almost-flat cityscape.

But the edges of the glacial valley and individual high points rarely create specific settlement forms that react to natural conditions. While today the landscape is occasionally developed and "curated" in the sense of site-specific recreation, the gentle rise of the Berlin Heights offers a diversity of topographies that could be better exploited for a greater diversity of planning strategies across the entire metropolitan area — the Greater Berlin as envisioned by the city fathers in the 1920s.

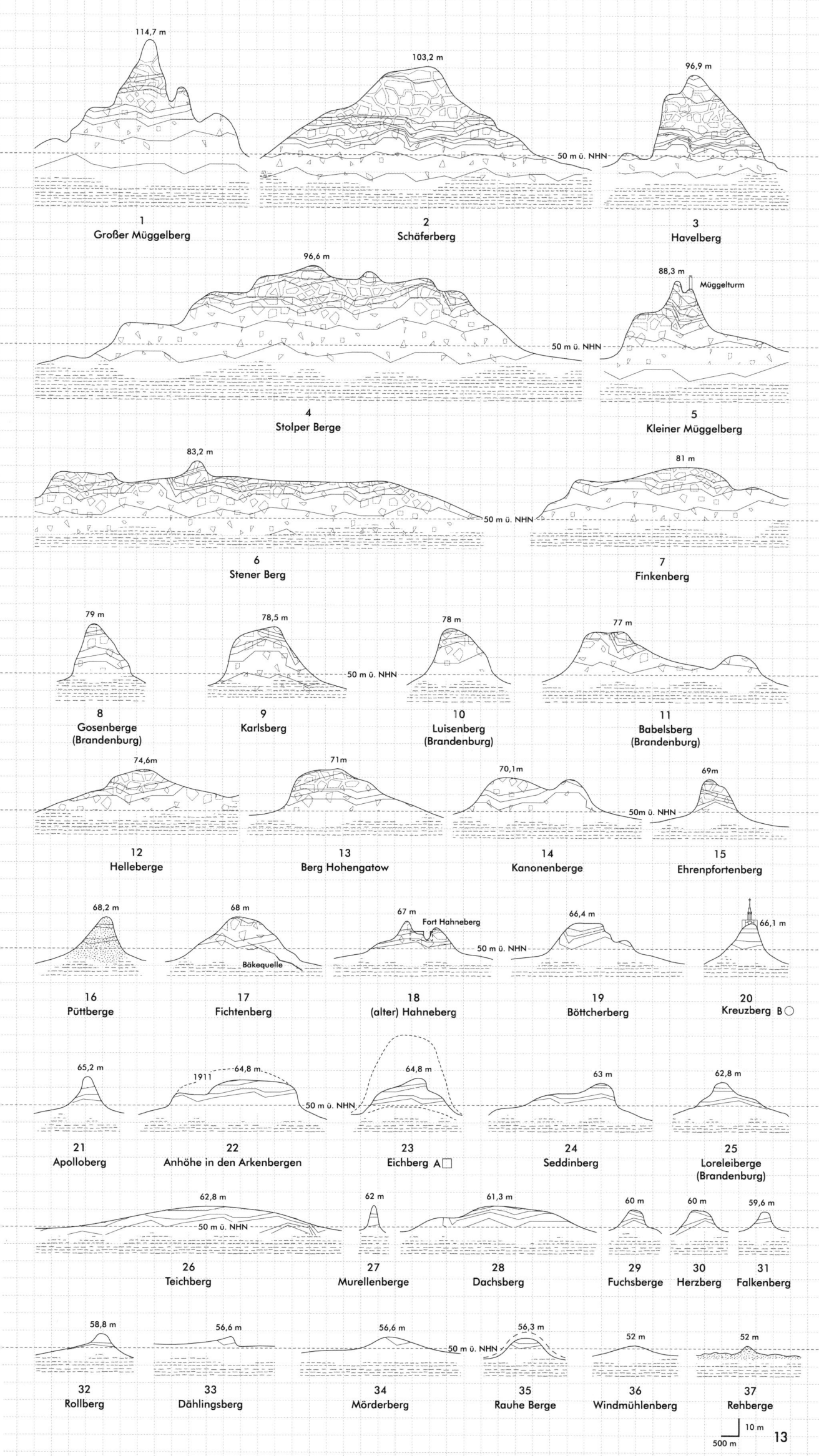

1 Großer Müggelberg — 114,7 m

2 Schäferberg — 103,2 m

3 Havelberg — 96,9 m

4 Stolper Berge — 96,6 m

5 Kleiner Müggelberg — 88,3 m — Müggelturm

6 Stener Berg — 83,2 m

7 Finkenberg — 81 m

8 Gosenberge (Brandenburg) — 79 m

9 Karlsberg — 78,5 m

10 Luisenberg (Brandenburg) — 78 m

11 Babelsberg (Brandenburg) — 77 m

12 Helleberge — 74,6 m

13 Berg Hohengatow — 71 m

14 Kanonenberge — 70,1 m

15 Ehrenpfortenberg — 69 m

16 Püttberge — 68,2 m

17 Fichtenberg — 68 m — Bäkequelle

18 (alter) Hahneberg — 67 m — Fort Hahneberg

19 Böttcherberg — 66,4 m

20 Kreuzberg B ○ — 66,1 m

21 Apolloberg — 65,2 m

22 Anhöhe in den Arkenbergen — 64,8 m — 1911

23 Eichberg A □ — 64,8 m

24 Seddinberg — 63 m

25 Loreleiberge (Brandenburg) — 62,8 m

26 Teichberg — 62,8 m

27 Murellenberge — 62 m

28 Dachsberg — 61,3 m

29 Fuchsberge — 60 m

30 Herzberg — 60 m

31 Falkenberg — 59,6 m

32 Rollberg — 58,8 m

33 Dählingsberg — 56,6 m

34 Mörderberg — 56,6 m

35 Rauhe Berge — 56,3 m

36 Windmühlenberg — 52 m

37 Rehberge — 52 m

50 m ü. NHN

10 m
500 m

13

Berlin ist nicht flach. Obwohl das Relief weniger als 100 m umfasst, bildet das Urstromtal Geländekanten und Akzente.
Berlin is not flat. Although the relief comprises less than 100 m, the Urstromtal forms terrain edges and height accents.

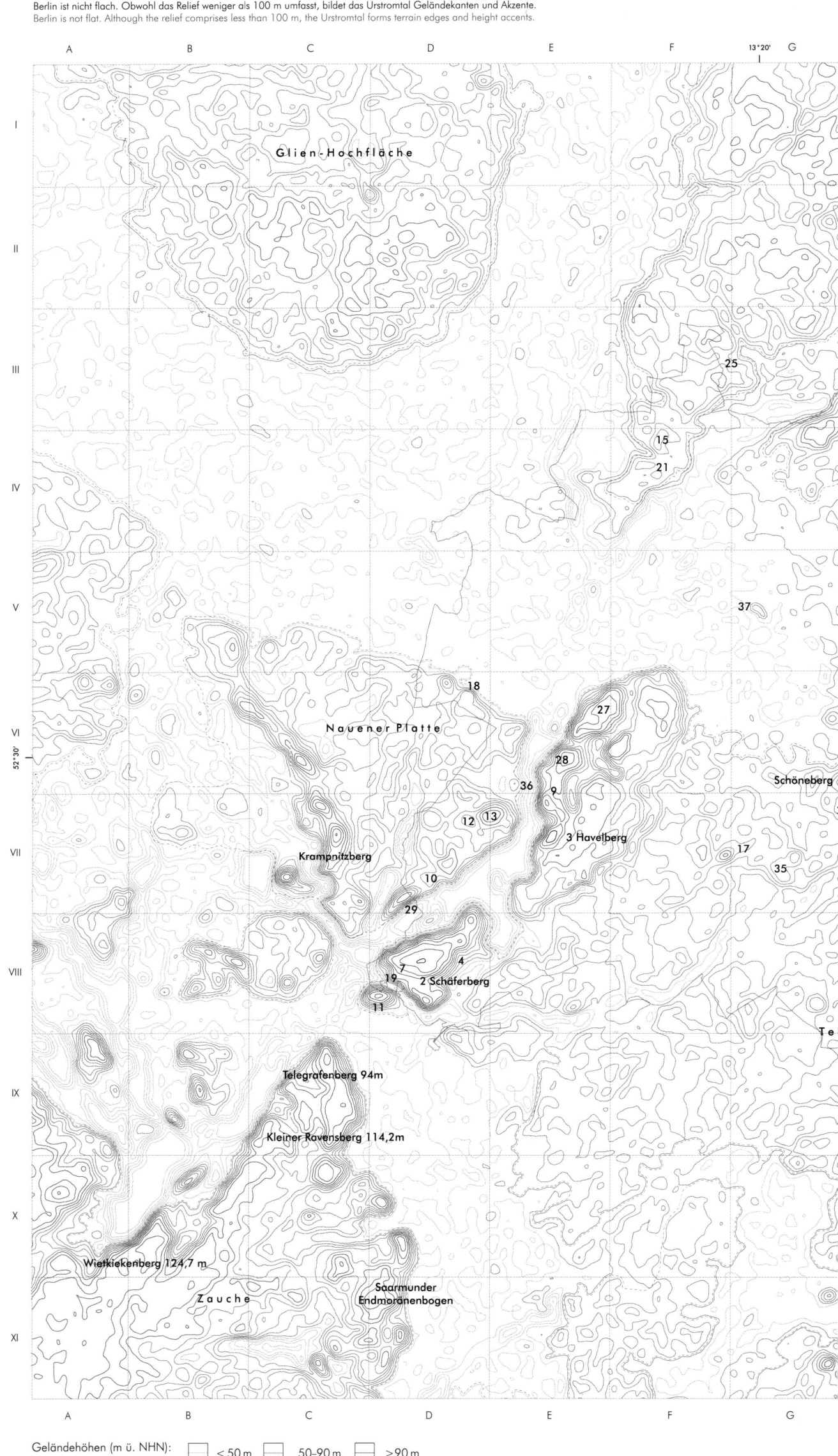

Geländehöhen (m ü. NHN): ☐ < 50 m   ☐ 50–90 m   ☐ > 90 m
Terrain elevations (asl):

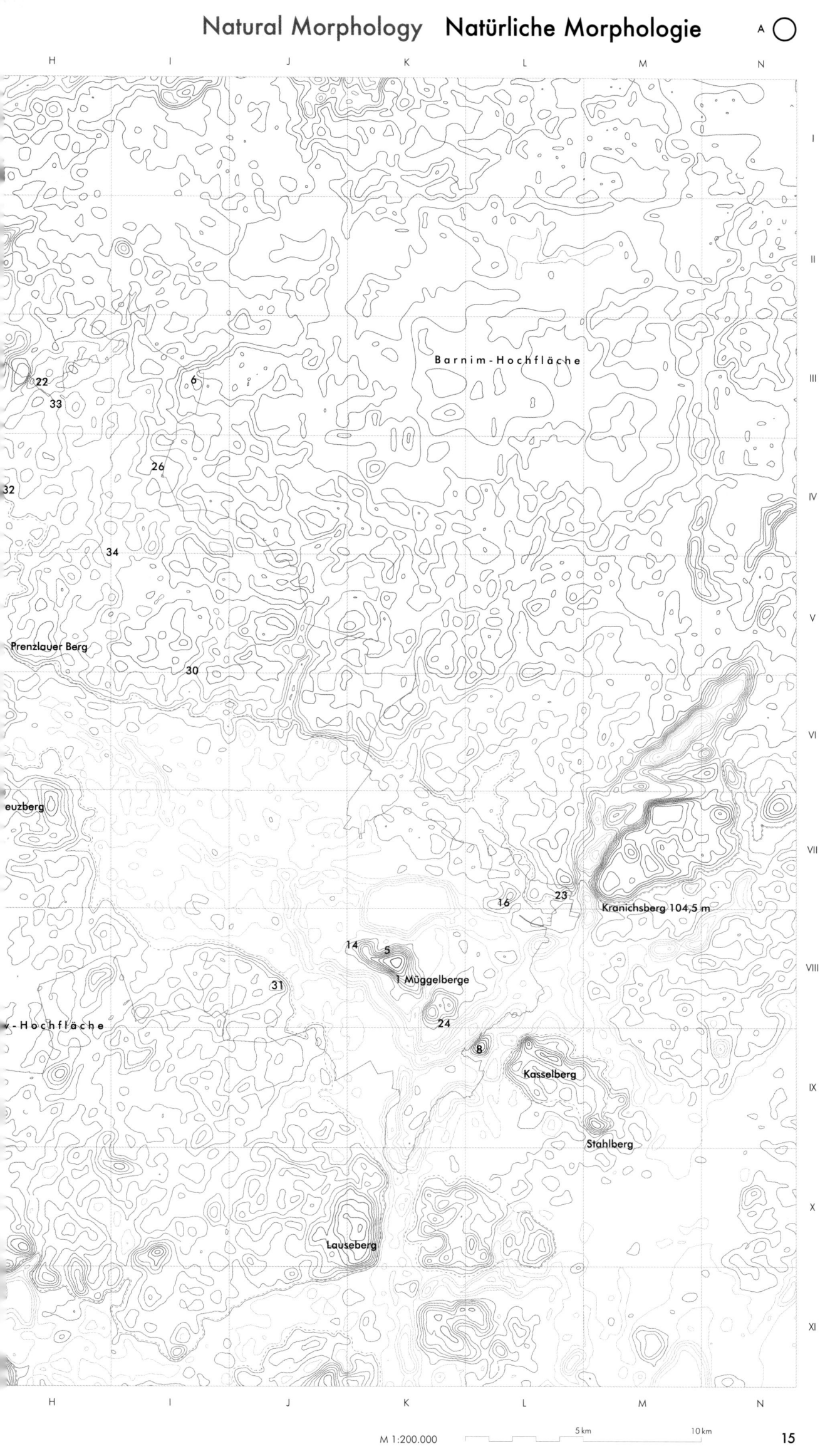

Barnim-Hochfläche

22
33
6
26
32
34
Prenzlauer Berg
30
euzberg
16   23
Kranichsberg 104,5 m
14   5
1 Müggelberge
31
24
8
Kasselberg
-Hochfläche
Stahlberg
IX
Lauseberg

GEOLOGIE
GEOLOGY

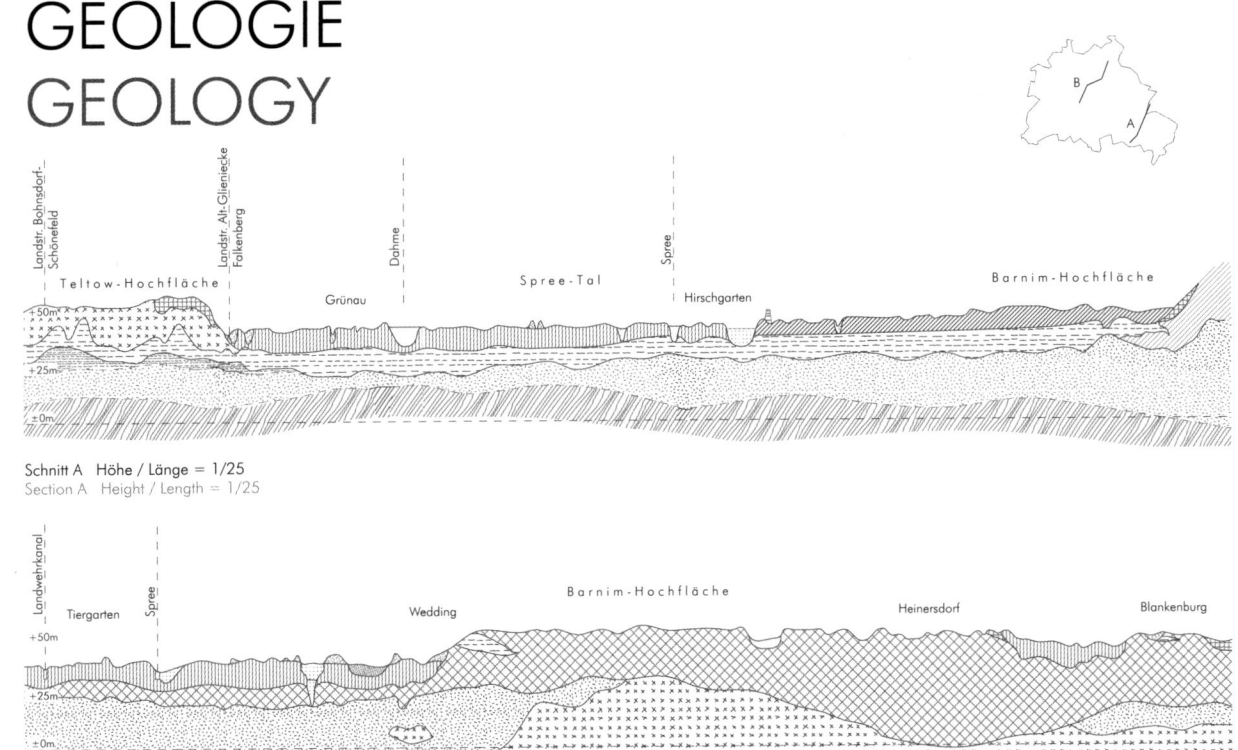

Schnitt A   Höhe / Länge = 1/25
Section A   Height / Length = 1/25

Schnitt B   Höhe / Länge = 1/25
Section B   Height / Length = 1/25

Zwei Schnittzeichnungen durch das geologische Profil Berlins mit Urstromtal
Two sectional drawings through the geological profile of Berlin / glacial valley

Gründung und Tiefe. Unter uns liegt, dem Auge zumeist entzogen, eine Welt verworfen gestapelter Schichten. Berlins Geologie ist massiv geformt von glazial und fluvial geprägten Schichtungen, Prozessen und Formationen.
Beim Rückzug der eiszeitlichen Gletscher, welche sich bis nach Schweden erstreckten, bliesen die Winde feinen, zermahlenen Sand in die Gletschervorzonen. An Seiten und Enden der Gletschermassive häuften sich Moränen an. Schwere nordische Steine, die „Findlinge", blieben überall um Berlin als Erinnerungen an dieses Nordeuropa verbindende Eismassiv zurück. Geologisch liegt Berlin im „Warschau-Berliner Urstromtal" und ist über diese Faltung großräumlich viel eher mit den östlichen Landschaften Europas verbunden als mit den westlichen Bereichen Deutschlands oder Europas. Der Boden und seine Materialbestandteile hatten als Baumaterial schon früh direkten Einfluss auf die wachsende Stadt. Dabei wurden zunächst die Feldsteine verbaut, noch immer sind diese nordischen Steine oft als erzählendes Mauerwerk der märkischen Kirchen zu entdecken. Erst später wurden auch Sand und Kies für Betonbauten bedeutsam. Als eine der wenigen Metropolen dieser Größe hat Berlin einen weiteren Bodenschatz: Wasserschutzzonen, die auf dem eigenen Stadtgebiet liegen, dank derer Berlin das Trinkwasser für seine Bewohner direkt aus dem Boden schöpfen kann.
Nimmt man eine Serie fiktionaler Bohrungen entlang eines Rasters im Berliner Boden vor, so zeigt sich die Bandbreite der reichhaltigen und diversen Untergründe, auf denen die gebaute Landschaft gründet: Sand und Lehm, teilweise Schutt und Stein, manchmal tückischer Torf. Bis zu elf Meter tiefe Schichten aus Mudde und Torf wurden auch dem Schlossarchitekten Schlüter bei dem 100 Meter hoch projektierten Prestigebau des Münzturms zum Verhängnis: Aufgrund unzureichender Pfahlgründung stürzte der Turm noch vor seiner Vollendung 1706 zusammen.
Mit einem neuen Bewusstsein für regionale Ressourcen wird sich die Metropolregion vermehrt mit den Baustoffen ihrer sandigen Umgebung auseinandersetzen, und gerade in Zeiten der Klimaerwärmung wird Berlins Boden als Feuchtgebiet mit Grundwasser von immer größerem Wert für seine Bewohner sein.

Foundation and depth. Below the city, mostly hidden from view, lies a world of discarded layers. Berlin's geology was shaped by glacial and fluvial stratifications, processes, and formations.
During the retreat of the glaciers, which extended from as far as Sweden, the winds blew fine, crushed sand into the foothills , and moraines accumulated on the sides and ends of the glacier massifs. "Findlinge"—heavy Nordic stones ground smooth from the movement of the ice—remained everywhere around Berlin as memories of this ice massif that once spanned northern Europe. Geologically, Berlin sits in the "Warsaw-Berlin glacial valley" and is much more connected to the east than to the western parts of Germany or Europe. From early on, the soil and its material components had a direct influence on the building materials used in the growing settlements. When larger construction began, ubiquitous small field stones were used as building material, and these Nordic stones often still serve as a sort of "talking masonry" in the churches of Brandenburg, revealing their origins by color and pattern. Only later did sand and gravel become important for concrete buildings. Unlike most other metropolises of this size, Berlin has another geological resource: groundwater. Protection zones are located within the city limits, allowing Berlin to draw drinking water directly from the ground.
If one takes a series of fictional drillings along a grid in the Berlin soil, the range of rich and diverse subsoils on which the built landscape is based become apparent: sand and clay, sometimes rubble and stone, sometimes treacherous peat. Layers of mud and peat as deep as 11 meters also proved fatal for the Berlin Palace architect Schlüter when he designed the "Münzturm," a prestige building almost 100 meters high that collapsed in 1706 due to an inadequate foundation.
With a new awareness of regional resources, the metropolitan area will increasingly find building materials in its sandy surroundings. And with global warming, Berlin's soil, with its ample groundwater, will be of ever greater value to its inhabitants.

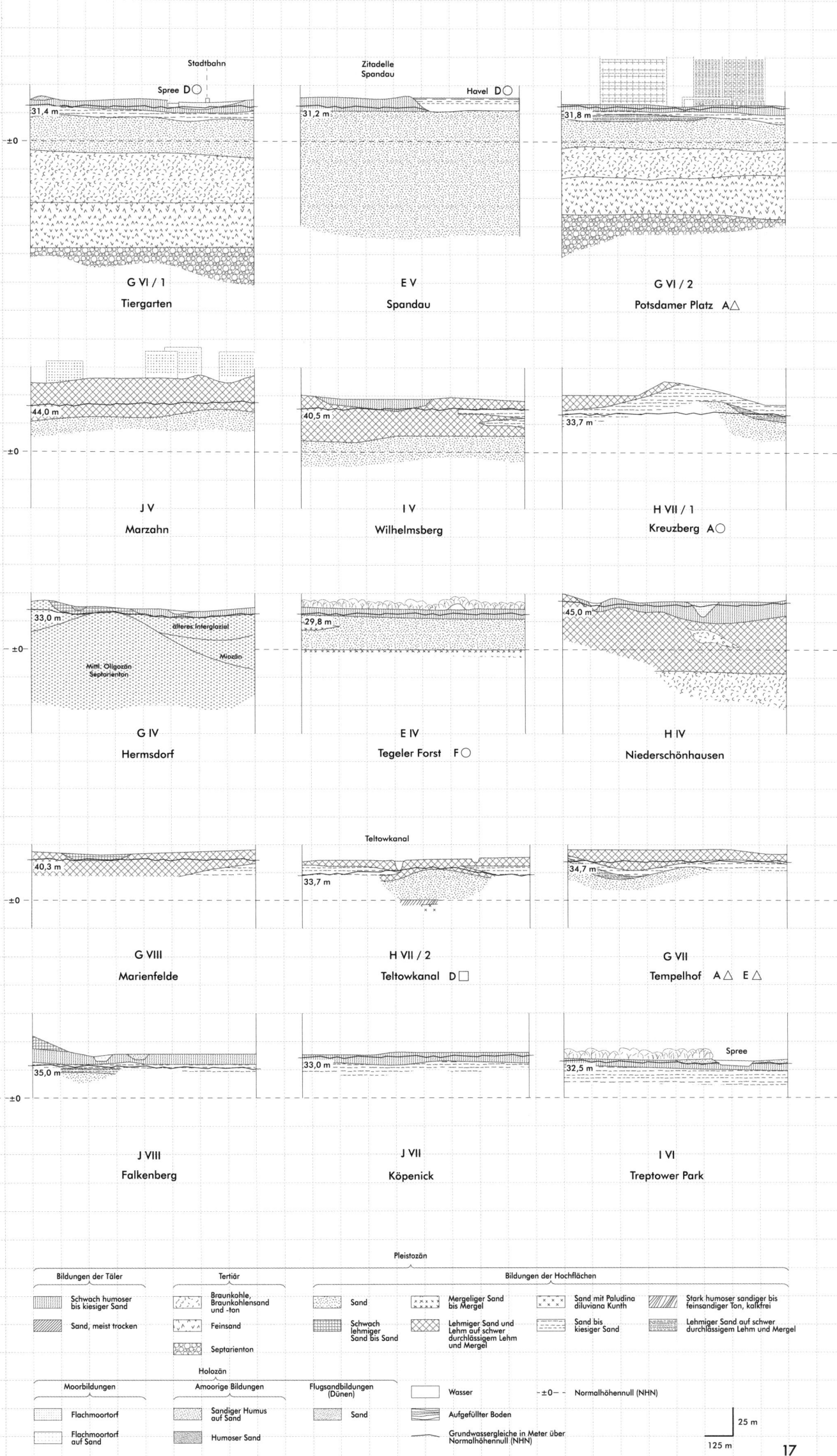

G VI / 1
Tiergarten

E V
Spandau

G VI / 2
Potsdamer Platz A△

J V
Marzahn

I V
Wilhelmsberg

H VII / 1
Kreuzberg A○

G IV
Hermsdorf

E IV
Tegeler Forst F○

H IV
Niederschönhausen

G VIII
Marienfelde

H VII / 2
Teltowkanal D□

G VII
Tempelhof A△ E△

J VIII
Falkenberg

J VII
Köpenick

I VI
Treptower Park

Pleistozän

Bildungen der Täler		Tertiär		Bildungen der Hochflächen					

Bildungen der Täler
Schwach humoser bis kiesiger Sand
Sand, meist trocken

Tertiär
Braunkohle, Braunkohlensand und -ton
Feinsand
Septarienton

Bildungen der Hochflächen
Sand
Schwach lehmiger Sand bis Sand
Mergeliger Sand bis Mergel
Lehmiger Sand und Lehm auf schwer durchlässigem Lehm und Mergel
Sand mit Paludina diluviana Kunth
Sand bis kiesiger Sand
Stark humoser sandiger bis feinsandiger Ton, kalkfrei
Lehmiger Sand auf schwer durchlässigem Lehm und Mergel

Holozän

Moorbildungen
Flachmoortorf
Flachmoortorf auf Sand

Amoorige Bildungen
Sandiger Humus auf Sand
Humoser Sand

Flugsandbildungen (Dünen)
Sand

Wasser
Aufgefüllter Boden
Grundwassergleiche in Meter über Normalhöhennull (NHN)

±0− Normalhöhennull (NHN)

25 m
125 m

17

Berlin ist eine Stadt auf Sand und Sumpf, über Jahrtausende angeschwemmt und abgelagert.
Berlin is a city on sand and swamp, washed up and deposited over thousands of years.

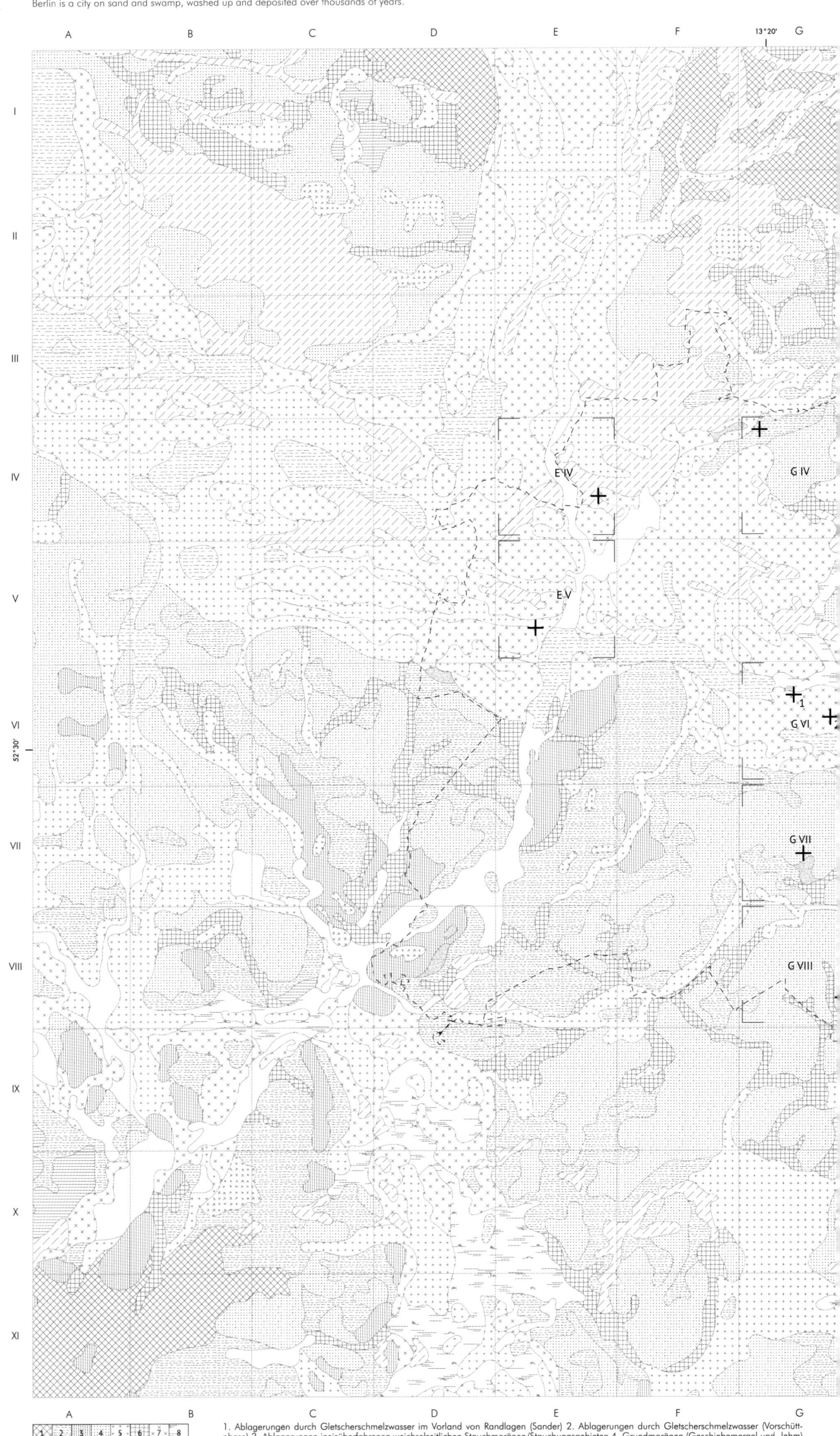

1. Ablagerungen durch Gletscherschmelzwasser im Vorland von Randlagen (Sander) 2. Ablagerungen durch Gletscherschmelzwasser (Vorschütt-phase) 3. Ablagerungen ineisüberfahrenen weichselzeitlichen Stauchmoränen/Stauchungsgebieten 4. Grundmoränen (Geschiebemergel und -lehm) 5. Moorbildungen, z. T. über See- und Altwassersedimenten 6. Periglaziäre bis fluviatile Ablagerungen (Tal- und Beckenfüllungen, Schwemmkegel) 7. Ablagerungen durch Urstromtäler inkl. der Nebentäler 8. Ablagerungen in Bach- und Flussauen 9. Windablagerungen (Dünen und Flugsandfelder) 10. Grundmoränenbildungen: Geschiebemergel und -lehm

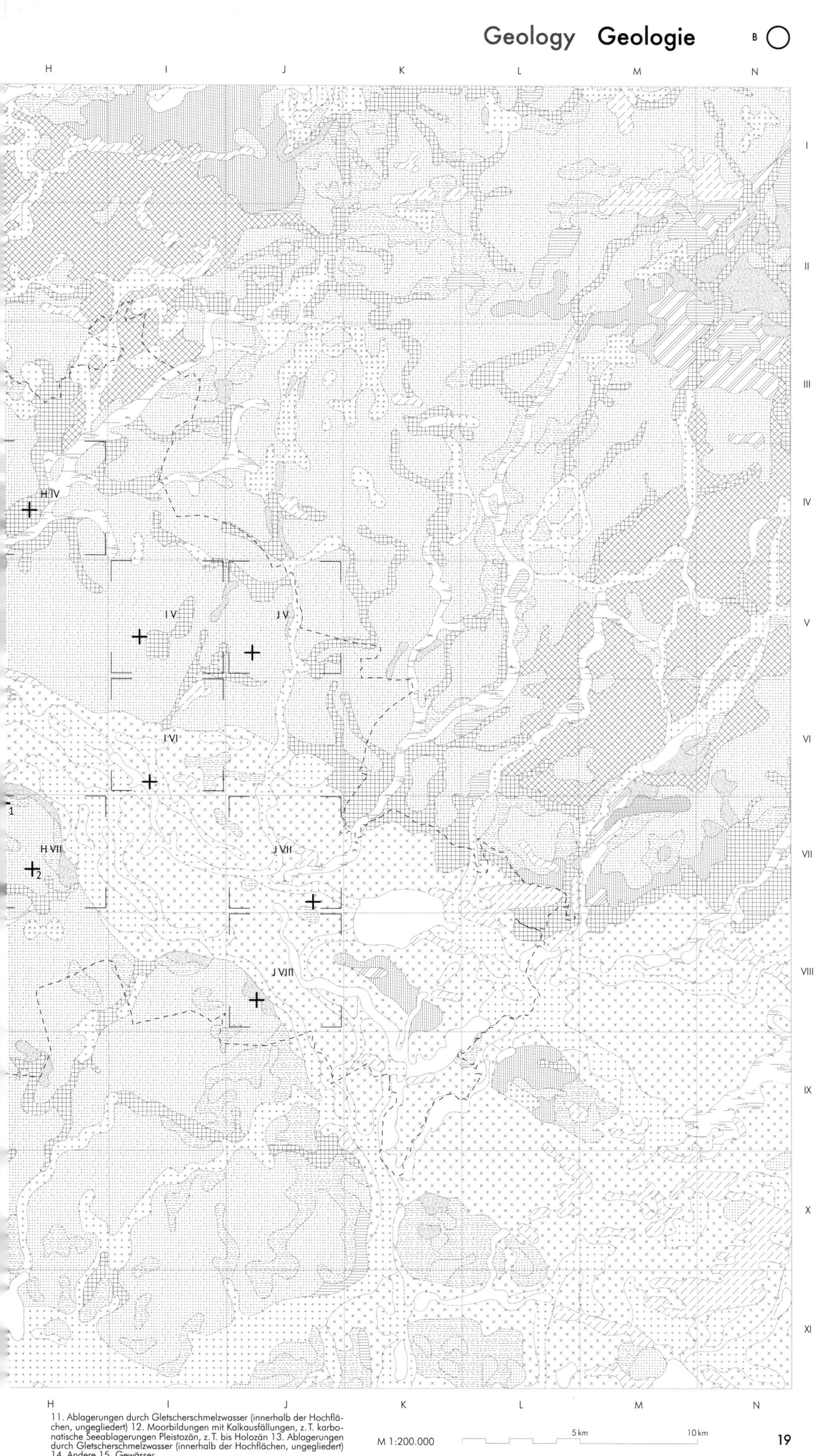

11. Ablagerungen durch Gletscherschmelzwasser (innerhalb der Hochflächen, ungegliedert) 12. Moorbildungen mit Kalkausfällungen, z.T. karbo-
natische Seeablagerungen Pleistozän, z.T. bis Holozän 13. Ablagerungen
durch Gletscherschmelzwasser (innerhalb der Hochflächen, ungegliedert)
14. Andere 15. Gewässer

M 1:200.000   5 km   10 km

MOORE, SÜMPFE, GRÄBEN
WETLANDS AND DITCHES

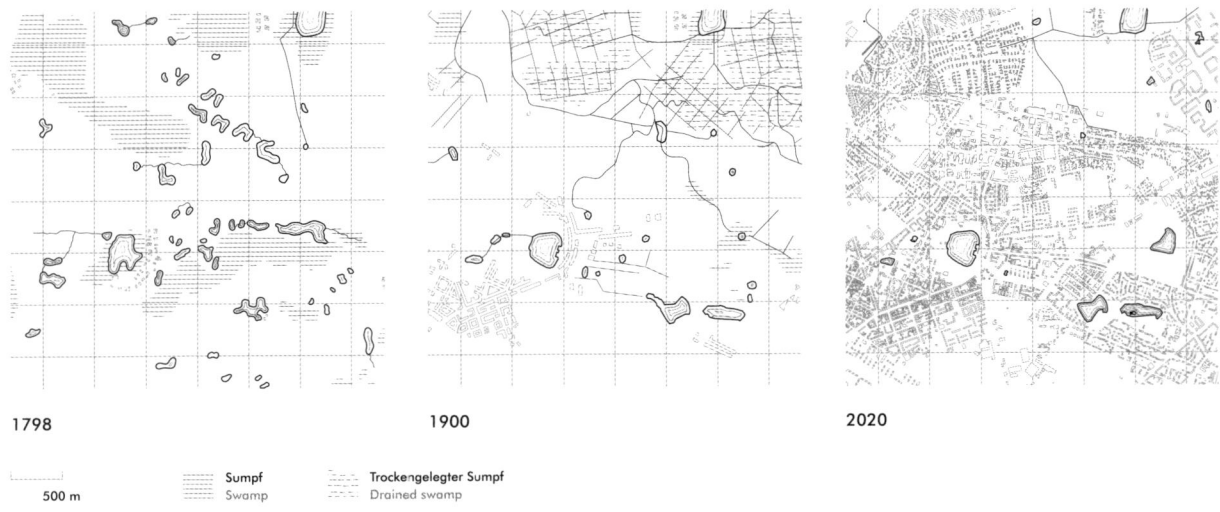

1798   1900   2020

500 m   Sumpf / Swamp   Trockengelegter Sumpf / Drained swamp

Weißensee, noch vor 200 Jahren eine Seenlandschaft mit Fischerdörfern
Weißensee, 200 years ago still a landscape of lakes with fishing villages

Der Name Berlins geht vermutlich auf das slawische „berlo" zurück, was für Sumpf oder Morast steht. Eine treffende Beschreibung für den damals vorherrschenden Zustand des Territoriums, mit dem sich frühe Einwanderer im 13. Jahrhundert konfrontiert sahen: eine feucht-sumpfige und morastige Siedlungslandschaft. Die Trockenlegung dieser Feuchtgebiete, Sümpfe und Moore war deswegen eine wesentliche Voraussetzung für die Entwicklung der Stadt. Berlins wichtigstes frühes Infrastrukturprojekt sind nicht Brücken oder Straßen, sondern ein schier endloses Netzwerk aus kleinen Wassergräben und Stichkanälen, die der Urbarmachung des Landes dienten.

Zur Schaffung des Baulandes und zur Reduktion der Flutungen mehren sich ab 1750 die preußischen Anordnungen für die Trockenlegung des Siedlungsgebiets mit einem komplexen System an Gräben. Das teilweise direkt unter der Oberfläche stehende Grundwasser wird kontrolliert abgeführt und gesenkt, durchfeuchtete Böden werden landschaftlich nutzbar. Zeitweise ist Berlin eine Stadt Tausender Wasserläufe und provisorischer Stege und Brücken zur Umwandlung großer Teile von Mooren und Sümpfen zur heutigen Stadtfläche. Heute finden sich Moorgebiete vor allem noch im Umland, ganze Landstriche sind hier stark geprägt von riesigen Moorwäldern. Doch auch in Berlin gibt es noch vereinzelte Moore und als Erbe der Sumpflandschaft in den Boden eingeschrieben, finden sich auch immer wieder Moorlinsen nur schwer bebaubaren Untergrunds, welche auf Einschlüsse in dem feuchten und weichen Boden zurückzuführen sind.

Die noch erhalten gebliebenen Moore reihen sich häufig wie Ketten aneinander, denn auch sie waren oft ein Netzwerk, ein Gespann miteinander verbundener Zuflüsse, deren Eisschmelz erst allmählich versiegte. Als Zeitspeicher bewahren sie wertvolle Mikrokosmen der Artenvielfalt und erinnern uns an authentische Antworten auf die Sehnsucht nach stadtnaher Natur.

Berlin's name is probably derived from the Slavic "berlo," which means swamp or bog – an apt description of the wet, marshy territory that early settlers in the 13th century encountered. The drainage of these wetlands, swamps, and marshes was an essential prerequisite for the development of the city. Berlin's most important early infrastructure projects weren't bridges or roads, but an almost endless network of small moats and canals that helped early residents reclaim land for cultivation. From 1750, to create more buildable land and reduce flooding, the Prussian state ordered the drainage of the settled area with a complex system of ditches. The groundwater, some of it just below the surface, was drained and lowered in a controlled manner, and moist soil was made available for landscaping. For years, Berlin was a city of thousands of watercourses and temporary footbridges as the moors and swamps were transformed into the current urban area. Today, the marshlands have been largely relegated to the surrounding countryside, with its vast areas of swampy forests. But even within Berlin, some isolated moors remain, offering evidence of the once-enormous marshlands. At new construction sites, it's not unusual to find vestiges of the moors beneath the ground, areas with damp and soft soil that is extremely difficult to excavate or build on. The remaining bogs are often located in close proximity to one another, like chains, because they were originally a network of interconnected glacial tributaries whose ice melted only gradually as they dried up. They serve as a sort of time reservoir, a direct descendant of the Ice Age, preserving valuable microcosms of biodiversity and offering an authentic response to the longing for nature in the urban context.

1. Postfenn, nördliches Nebenmoor 2. Moor am Plumpengraben 3. Kleines Fenn und Kleines Luch (Schmöckwitzer Werder) 4. Kleine Pelzlaake, Nebenmoor 5. Moor im NSG Grunewaldsee 6. Moor am NSG Schwimmhafenwiesen (Heiligensee) 7. Luch an der Margaretenhöhe 8. Feuchtwiese im Eiskeller 9. Bollenfenn (Tegel) 10. Torfmoosmoor am Müggelsee 11. Moor am Vollkopfgraben 12. Immenweide (Spandau) 13. Mostpfuhl in der Kammereiheide (Müggelsee) 14. Moor am Bullengraben 15. Egelpfuhlwiesen 16. Thyrn am Müggelsee 17. Langes Luch (Grunewald) 18. Kleinmoore südöstlich des Müggelseeufers 19. Kleinmoore im Grunewald 20. Bumpfuhl (Heiligensee) 21. Kleiner Rohrpfuhl 22. Moor im NSG Ziegeleigraben/Albtalweg 23. Rohrbruchwiesen am Grützmachergraben 24. Moor bei Rahnsdorf 25. Großes Fenn und Kleines Fenn im Berliner Forst Düppel 26. Krumme Lake Grünau 27. Meiereiwiese im NSG Pfaueninsel 28. Moor im NSG Schlosspark Lichterfelde 29. Kleine Pelzlaake, Nebenmoor 30. Wiese am Heiligensee 31. Bieselfließ (Frohnau) 32. Rudower Fließ 33. Moor im Rosentreterbecken (Wittenau) 34. Teufelsseemoor 35. Riemeisterfenn 36. Pelzlaake 37. Moor im NSG Bäkewiese 38. Moor im Volkspark Wuhlheide 39. Moor am Glienicker See 40. Zingerwiesen 41. Moore im Wuhletal 42. Pechsee 43. Barssee 44. Wartenberger/Falkenberger Luch 45. Moore am Spreeufer östlich Schönhorst 46. Moore in der Spekteniederung 47. Teufelsfenn 48. Niedermoorwiesen am Tegeler Fließ 49. Mittelbruch 50. Moore am Köppchensee/Tegeler Fließ 51. Fließwiese Ruhleben 52. Hundekehlefenn 53. Postfenn 54. Großer Rohrpfuhl 55. Moore im NSG Malchower Aue 56. Tegeler Fließ Hermsdorf (Nord) 57. Rehwiese Nikolassee 58. Moore im NSG Karower Teiche 59. Langes Luch (Schmöckwitzer Werder) 60. Moorlinse Buch 61. Krumme Laake 62. Moore in der Lietzengrabenniederung 63. Müggelheimer Wiesen 64. Teufelsbruch 65. Moore im NSG Kalktuffgelände am Tegeler Fließ 66. Moore im Erpetal 67. Neue Wiesen 68. Tegeler Fließ Hermsdorf (Süd) 69. Tegeler Fließ Hermsdorf 70. Ehemaliger Großer Hermsdorfer See am Tegeler Fließ 71. Moore im NSG Bodenseekette und Lietzengrabenniederung (Süd) 72. Gosener Wiesen

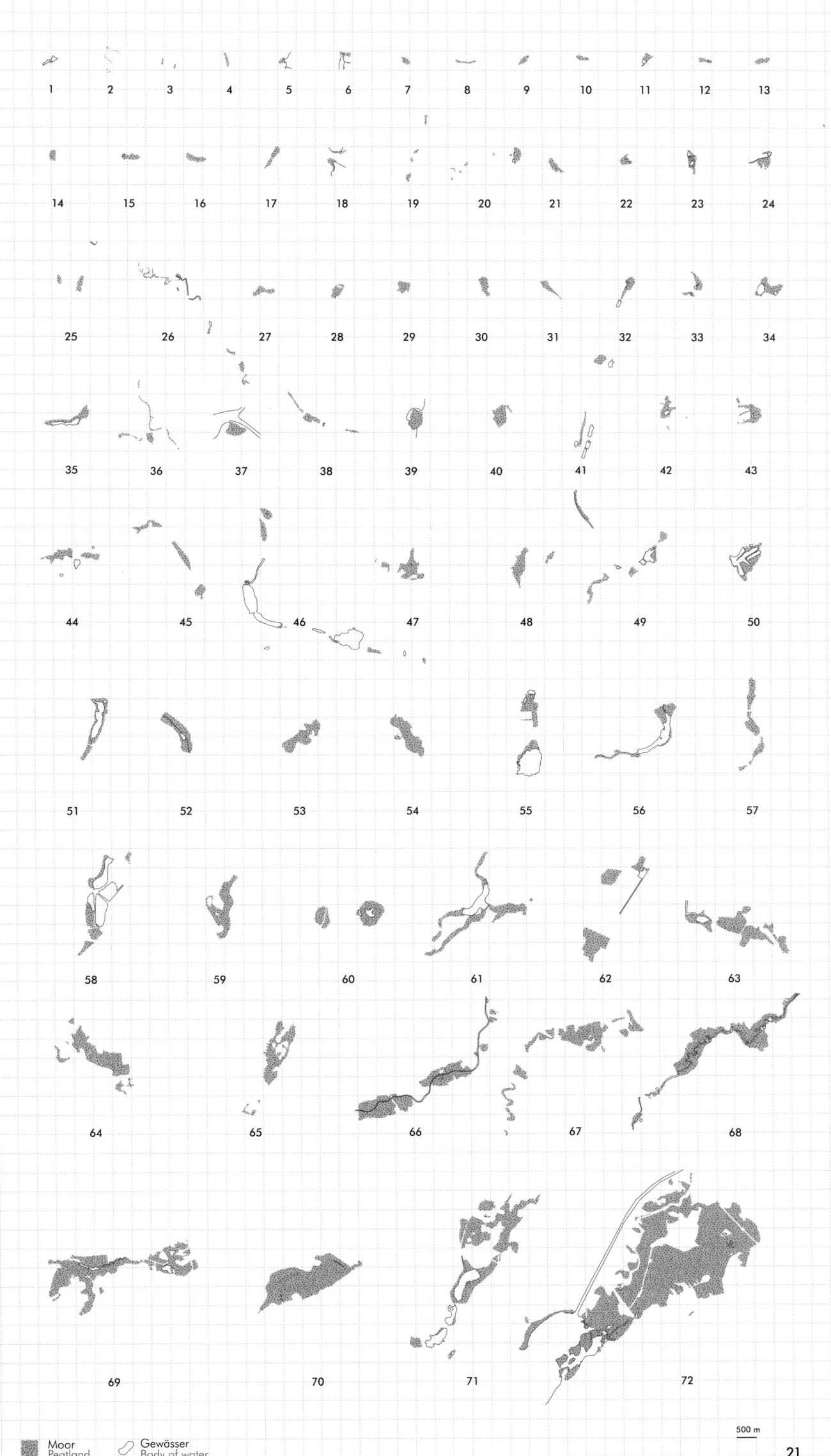

Moor
Peatland

Gewässer
Body of water

500 m

Moor
Peatland

Feucht- und Frischwiesen
Wet and fresh meadows

Frischere und feuchte Wälder
Wet forests

Flache Erd- und Mulmniedermoore
Flat mud and low-lying moors

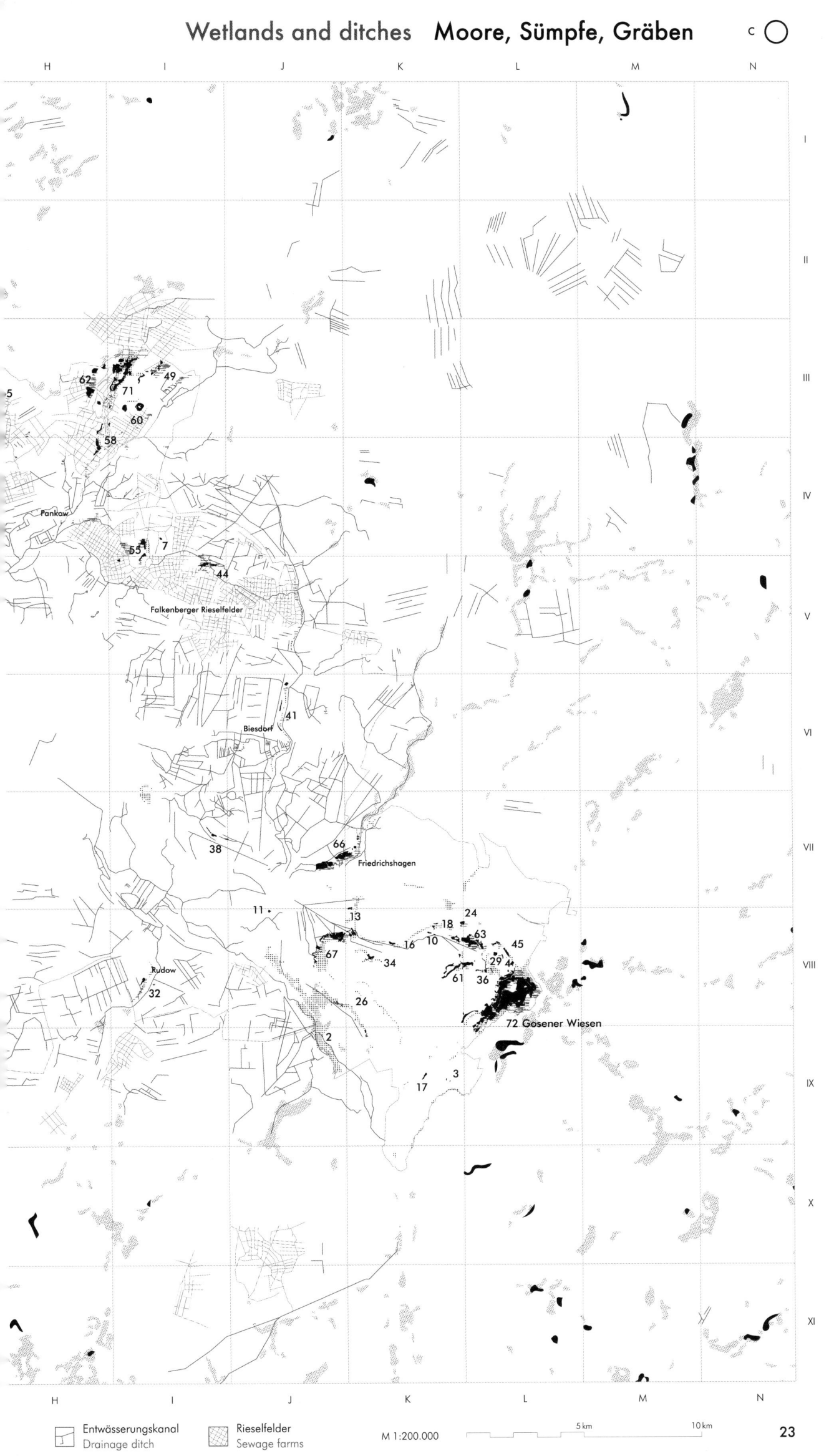

Entwässerungskanal
Drainage ditch

Rieselfelder
Sewage farms

M 1:200.000

5 km   10 km

NATÜRLICHE GEWÄSSER
NATURAL BODIES OF WATER

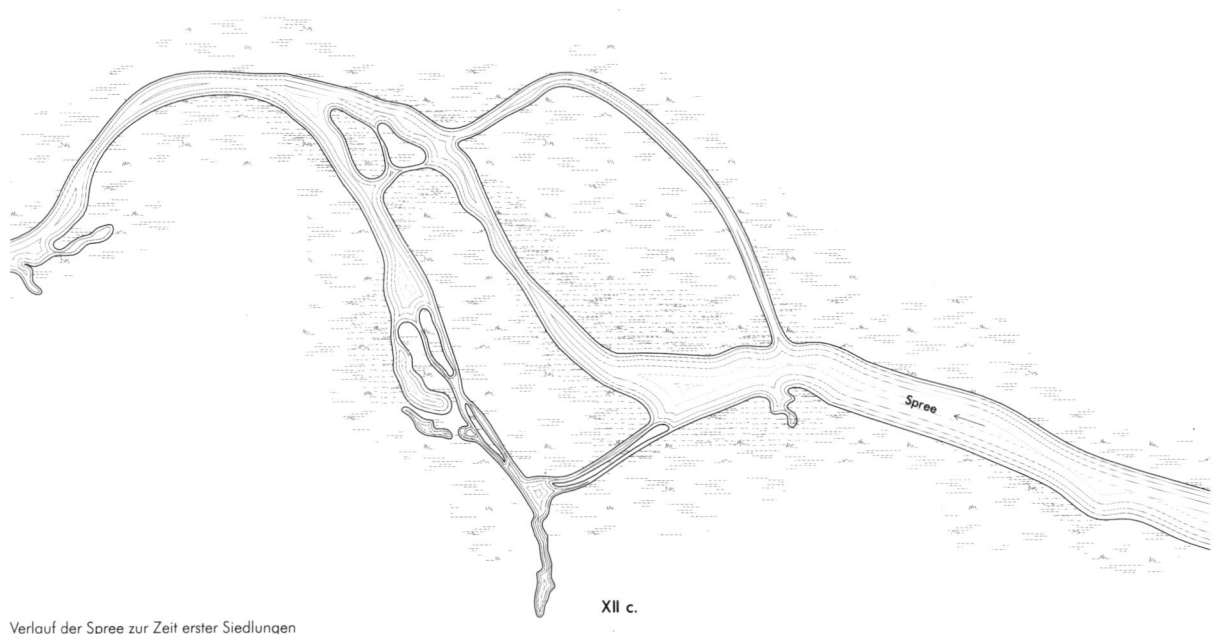

Spree

XII c.

Verlauf der Spree zur Zeit erster Siedlungen
Course of the Spree at the time of first settlements

Berlin ist wie viele Siedlungen des späten Mittelalters an einer Furt entstanden, also einer sicher durchquerbaren, seichten Flussstelle. Die Stadt hat sich von Anfang an entlang und mit den Wasserwegen Havel und Spree entwickelt. Ursprünglich als Handelssiedlung auf einer Flussinsel entstanden und von Wasser als Schutzschicht umringt, wurden diese beiden Ströme für Berlin als aufstrebende Handelsstadt im Hinterland der Hanse bald auch als Transportweg für den Roggen- und Holzhandel bedeutsam.

Die Vielzahl an Wasserkörpern erzeugt die Notwendigkeit der Überquerung, aber prägt auch Identitäten, die verschiedene Viertel miteinander verbindet: das Heizkraftwerk und die Clubs an der Rummelsburger Bucht liegen genauso an der Spree wie die dichten Mietskasernen in Moabit oder die Kleingärten in Westend. Berlins Räume entlang der Gewässer entwickelten sich eher spät und wandelten sich schließlich sehr stark zur Zeit der industriellen Produktion. Dabei konnte man industrielle Nutzungen immer noch oft im Zentrum ansiedeln, weswegen sich heute viele postindustrielle Räume und inzwischen neu genutzte Gebäude entlang der Wasserwege befinden.

Zeichnet man die verschiedenen Wasserwege und Körper als eine Sammlung, kategorisiert nach Typ und Größe, so differenzieren sich in diesem Formenreichtum klar zwei Typen: eiszeitliche Tümpel und große, flache Ströme, die sich im Umland zu Seenlandschaften erweitern. Während sich die großen Wasserläufe vor allem in der Rinne des Urstromtals finden, stammen viele der Berliner Tümpel und Seen als sogenannte Toteisseen von verbliebenen und vereinzelt geschmolzenen Eislinsen ab, welche sich zum Ende der Eiszeit in das weiche, schlammige Profil der märkischen Böden einpressten.

Auch heute kann man sich mit dem Boot durch die Stadt und auch aus ihr heraus bewegen, die innerstädtischen Wasserläufe sind aber vor allem der kommerziellen touristischen oder logistischen Nutzung vorbehalten. Das Leben von, am und auf dem Wasser bildet einen der größten und momentan oft ungenutzten Standortvorteile Berlins. Anstatt generischer suburbaner Siedlungsräume lassen sich Nachbarschaften mit ebenso vielen Stegen und Badehäusern wie festen Wohngebäuden erträumen. Innerstädtische Wassergebiete sollten den Bewohnern zugänglich gemacht werden, die Seen im Umland als prägende Standortvorteile benannt und bewahrt werden.

Berlin, like many settlements of the late Middle Ages, was built on a ford, i.e. a shallow riverbed crossing that could be safely traversed. The city was originally established as a trading settlement along the Havel and Spree rivers, on an island surrounded by a protective cordon of water. The two waterways soon became important for Berlin as an up-and-coming trading city in the hinterland of the Hanseatic League, and as a transport route for commercial goods such as grain and timber.

As barriers to be crossed, the city's numerous bodies of water create division, but they also shape the identities of different neighborhoods and the connections between them: the banks of the Spree are home to heat and power plants, the clubs on the Rummelsburger Bucht, the dense tenements in Moabit, and allotment gardens in Westend. The land alongside Berlin's waterways was developed rather late and changed dramatically at the time of industrial production. As a result, industrial zones frequently sprung up near the city center, so today it's not hard to find post-industrial areas with repurposed buildings along the waterways in central locations.

If one draws the various waterways and bodies as a comparative collection, categorized according to type and size, two topological phenotypes can be clearly distinguished: small and round Ice Age ponds and large, shallow streams that expand into lake landscapes in the surrounding area. While the large watercourses are mainly found along the stream of the glacial valleys, many of Berlin's ponds and lakes are so-called "Toteisseen," or dead ice lakes. They originate from remaining ice lenses, which at the end of the Ice Age were pressed into the soft, muddy soil of the Mark Brandenburg and only melted over time.

Even today, it is possible to travel through and out of the city by boat (though the waterways in the heart of Berlin are mainly reserved for commercial or touristic vessels). Life along and on the water is one of the greatest advantages of Berlin's location—and one that's frequently wasted. Instead of generic suburban settlement spaces, one can imagine neighborhoods with as many jetties and bathhouses as permanent residential buildings. Inner-city water areas should be made accessible to residents, and the nearby lakes should be understood and preserved as formative locational advantages, a unique feature for the further development of the city.

1. Röthesee 2. Fennsee 3. Pechsee 4. Waldsee 5. Ziegeleisee 6. Schäfersee 7. Orankesee 8. Teufelssee 9. Döringsee 10. Fresdorfer See 11. Unnamed 52.642824, 13.608300 12. Krummer See 13. Malchower See 14. Halensee 15. Weißer See 16. Langer See 17. Mittelsee 18. Kleiner Lienewitzsee 19. Nikolassee 20. Bogensee 21. Karpfenteich 22. Schönefelder See 23. Dewinsee 24. Kiebitzsee 25. Kleiner Stienitzsee 26. Stölpchensee 27. Hermsdorfer See 28. Pohlesee 29. Lubowsee 30. Ukleisee 31. Obersee 32. Machnower See 33. Hundekehlesee 34. Nymphensee 35. Plötzensee 36. Güterfelder Haussee 37. Lietzensee 38. Pfählingssee 39. Streesee 40. Kesselsee 41. Elsensee 42. Langer See 43. Krummer See 44. Großer Lienewitzsee 45. Petzinsee 46. Möllensee 47. Kleiner Wannsee 48. Kähnsdorfer See 49. Gorinsee 50. Herrensee 51. Todnitzsee 52. Krummer See 53. Gamensee 54. Summter See 55. Mühlenbecker See 56. Störitzsee 57. Haussee 58. Heiliger See 59. Fängersee 60. Hellsee 61. Stolzenhagener See 62. Ziestsee 63. Gröbener See 64. Falkenhagener See 65. Krimnicksee 66. Schlachtensee 67. Zernsdorfer Lankensee 68. Caputher See 69. Große Krampe 70. Bötzsee 71. Peetzsee 72. Werlsee 73. Griebnitzsee 74. Teil von der Dahme 75. Grunewaldseenkette 76. Flakensee 77. Siethener See 78. Groß-Glienicker See 79. Rahmsee 80. Kalksee 81. Lehnitzsee 82. Schlänitzsee 83. Wublitz 84. Zeesener See 85. Großer Zug 86. Nieder-Neuendorfer See 87. Dämeritzsee 88. Grössinsee 89. Göttinsee 90. Krampnitzsee 91. Liepnitzsee 92. Sacrower See 93. Dolgensee 94. Crossinsee 95. Straussee 96. Teil von der Spree 97. Krüpelsee 98. Wandlitzer See 99. Großer Wannsee 100. Großer Zernsee 101. Stienitzsee 102. Teil von der Dahme 103. Glindower See 104. Großer Seddiner See 105. Zeuthener See 106. Fahrlander See 107. Rangsdorfer See 108. Seddinsee 109. Großer Plessower See 110. Teil von der Havel 111. Langer See (Dahme) 112. Spree (in Berlin) 113. Templiner See 114. Tegeler See 115. Wolziger See 116. Großer Müggelsee 117. Schwielowsee 118. Havel (in und bei Berlin)

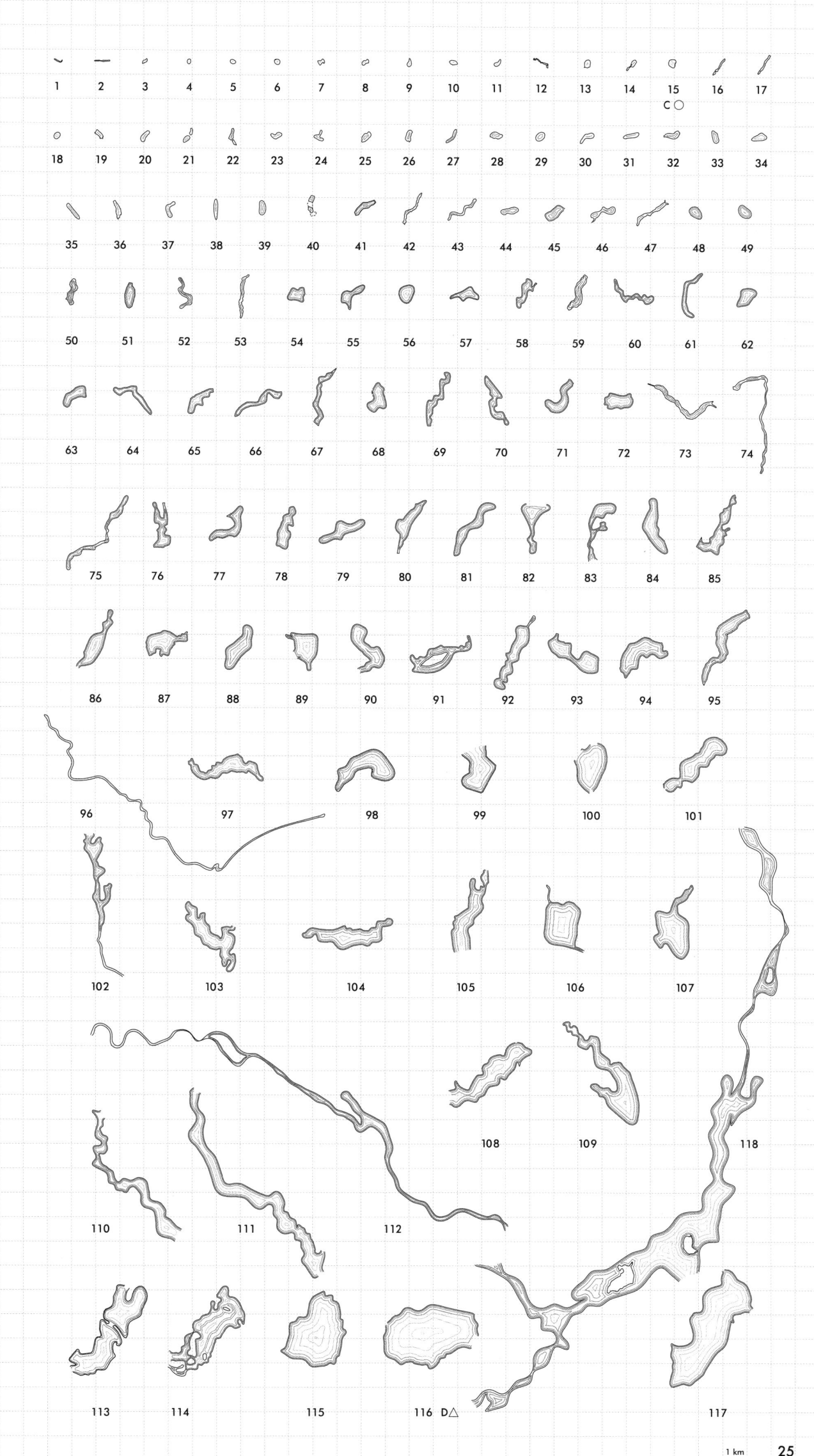

1 2 3 4 5 6 7 8 9 10 11 12 13 14 15 C◯ 16 17

18 19 20 21 22 23 24 25 26 27 28 29 30 31 32 33 34

35 36 37 38 39 40 41 42 43 44 45 46 47 48 49

50 51 52 53 54 55 56 57 58 59 60 61 62

63 64 65 66 67 68 69 70 71 72 73 74

75 76 77 78 79 80 81 82 83 84 85

86 87 88 89 90 91 92 93 94 95

96 97 98 99 100 101

102 103 104 105 106 107

108 109 118

110 111 112

113 114 115 116 D△ 117

1 km

Eine Vielzahl von Flussläufen und verbliebenen Seen und Tümpeln macht Berlin zur Wasserstadt.
A multitude of rivers and remaining lakes and ponds make Berlin a city of water.

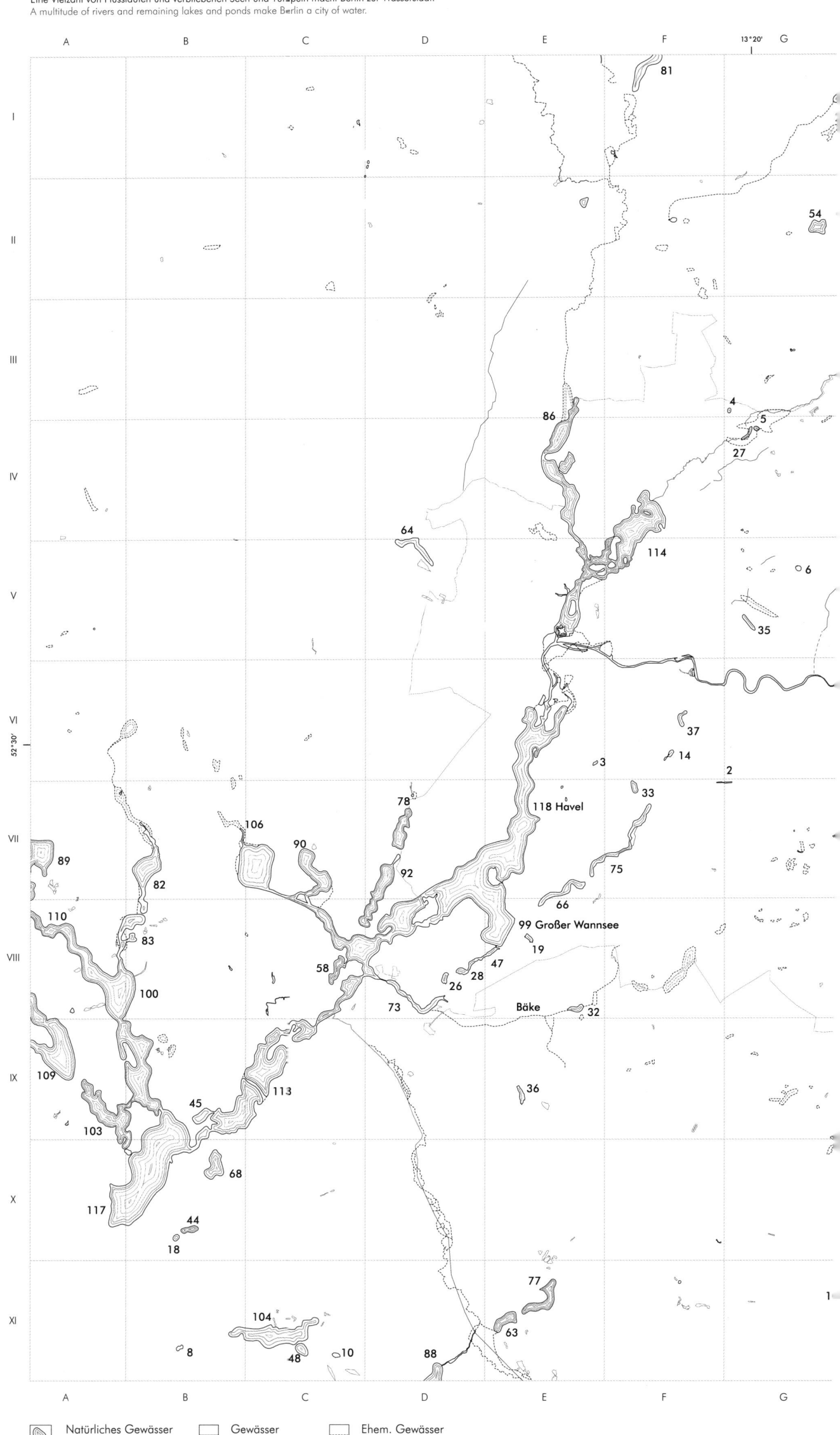

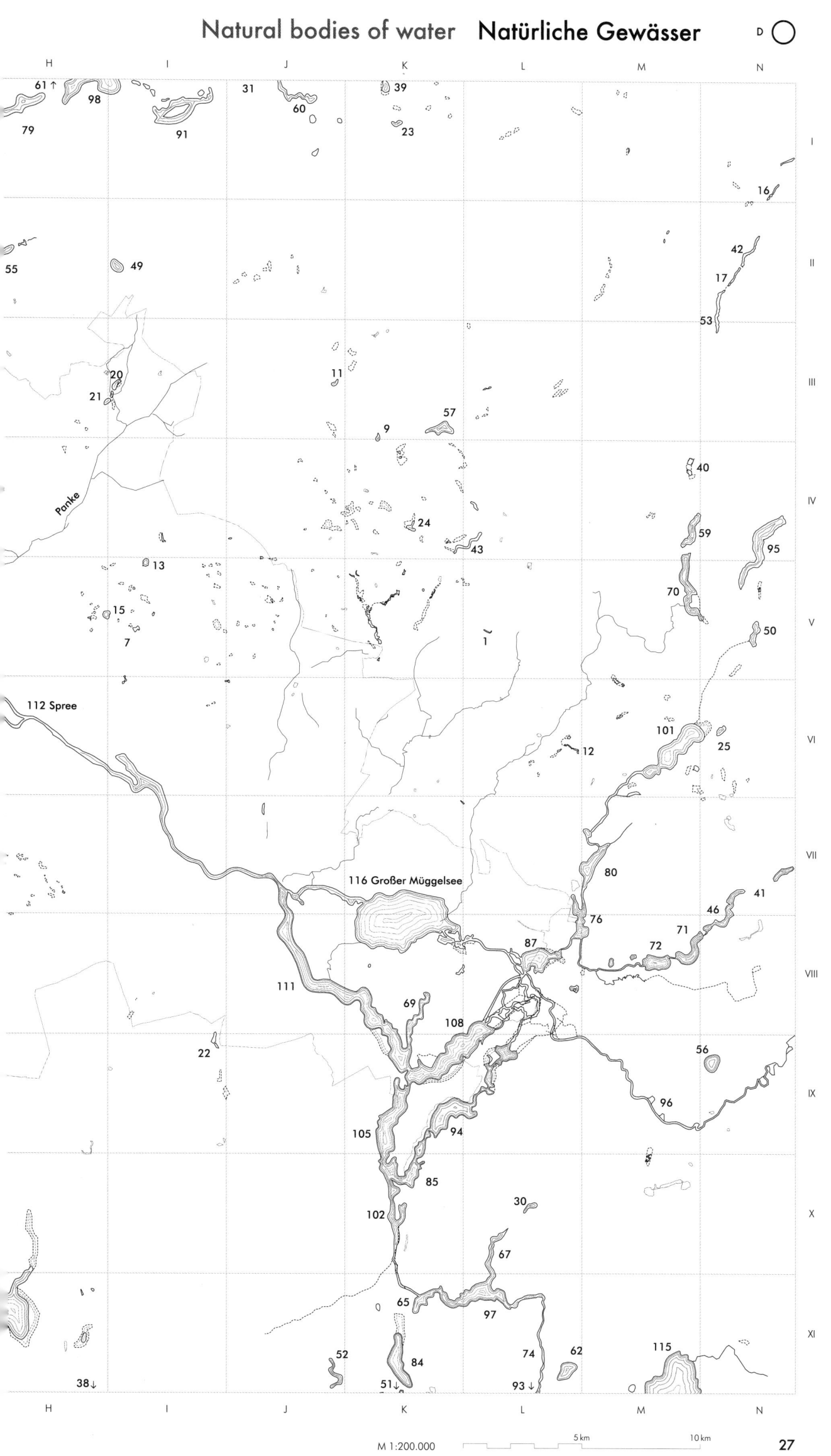

Panke

112 Spree

116 Großer Müggelsee

5 km   10 km

INSELN
ISLANDS

Berliner Inselwelt, aufgereiht entlang Spree, Dahme und Havel (verkürzte Distanz)
Berlin as a world of islands, lined up along the Spree, Dahme and Havel (distance shortened)

Die Wasserstadt Berlin ist auch eine Inselstadt. Innerhalb des Stadtgebiets finden sich insgesamt 34 benannte Inseln verschiedener Größe. Hinzu kommen kleine namenlose Eilande sowie jede Menge Inseln im Umland.

Berlins Geschichte beginnt an der Spreeinsel und auch die vielen weiteren Inseln der Stadt erzählen sehr eigene Geschichten oder stehen stellvertretend für das breite Spektrum der Wesensart, die Stadt auch ausmacht: Hochkultur auf der Museumsinsel, DDR-Wohntürme auf der Fischerinsel, ein elitäres Internat auf der Insel Scharfenberg, alternative Lebensideen und Clubkultur auf der Lohmühleninsel oder das unentdeckte Berlin auf bis heute ungenutzten und kaum entdeckten Inseln in Berlin und im Brandenburger Umland. Die Bandbreite reicht von winzigen, nicht baulich genutzten Flussinseln, Rückzugsorten der Vogelpopulationen, bis hin zu historischen Orten wie der 67 Hektar großen und 1,5 Kilometer langen Pfaueninsel am Wannsee, welche mit den ab dem 18. Jahrhundert errichteten Anlagen und dem Schloss Teil des Weltkulturerbes ist.

Eine atlasartige Sammlung dieser so abwechslungsreichen Berliner Inseln in Spree, Dahme, Havel, Tegeler See und Seddinsee lädt ein zum Erkunden und regt die Fantasie an für zukünftige Nutzungen. Neue Fährlinien entlang der perlenkettenartigen Atolle könnten die Inseln erschließen.

Darüber hinaus könnten auch die bisher un- oder wenig genutzten Inseln durch besondere Merkmale und Angebote differenziert werden. So wie Coney Island für Wochenendvergnügen steht oder San Michele als Venedigs poetische Friedhofsinsel bekannt ist, können sich die Nutzung und Erscheinung der Berliner Inseln zu ganz unterschiedlichen und eigenen Atmosphären verdichten.

With so much water, Berlin is also rich in islands. There are 34 named islands and countless unnamed islets within city limits, and far more in the surrounding area.

Berlin's history begins on the Spree Island, and the city's many other islands tell their own stories or represent the broad spectrum of the character that makes the city what it is: high culture on Museum Island, GDR residential towers on "Fischerinsel," an elite boarding school on Scharfenberg Island, alternative lifestyles and club culture on Lohmühleninsel or the undiscovered Berlin on still unused and hardly discovered islands in the city and the Brandenburg region. The spectrum ranges from tiny river islets unsuitable for construction that serve as refuges for birds, to historical sites such as the 67-hectare, 1.5-kilometer-long Pfaueninsel on Wannsee, which is part of the World Heritage Site with many facilities and a castle built from the 18th century onwards.

An atlas-like collection of these varied Berlin islands in the Spree, Dahme, Havel, Tegeler See and Seddinsee offers an invitation to explore the rich heterogeneity of shapes and forms, stimulating the imagination for future uses. New ferry lines along the strings of islands could better integrate the isles into the life of the city. Little-used or uninhabited islands could develop differing characters through special features and events. Just as Coney Island stands for weekend amusement or San Michele is known as Venice's poetic cemetery, the islands and islets of Berlin can accommodate different and unique atmospheres.

1. Unnamed, 52.60168, 13.34831 2. Unnamed, 52.60278, 13.35694 3. Unnamed, 52.61022, 13.34443 4. Unnamed, 52.54840, 13.48808 5. Unnamed, 52.46418, 13.11058 6. Unnamed, 52.46347, 13.11056 7. Kleiner Seddinwall 8. Unnamed, 52.63585, 13.46496 9. Liebesinsel, 52.43371, 13.41792 10. Zeuthener Wall 11. Unnamed, 52.42380, 13.72208 12. Weidenwall 13. Liebesinsel , 52.49067, 13.48395 14. Kleiner Wall 15. Großer Wall 16. Werderchen 17. Kratzbruch 18. Pionierinsel 19.□ Luseninsel 20. Bullenbruch 21. Kleiner Rohrwall 22. Kälberwerder 23. Unnamed, 52.43386, 13.68428 24. Unnamed, 52.36907, 13.69400 25. Schilfwall 26.□ Tegeler Insel 27. Lindwerder 52.46755, 13.19194 28. Rohrwallinsel 29. Großer Rohrwall 30. Nixenwall 31. Müggelwerder 32. Dreibock 33. Hasselwerder 34.□ Humboldtinsel 35. Imchen 36. Insel der Jugend 37.□ Unnamed, 52.52504, 13.29307 38. Lindwerder 52.57722, 13.25277 39. Dommelwall 40. Schlossinsel 41. Schmöckwitzer Bruch 42. Seddinwall 43. Kelchs Ecke 44.□ Unnamed, 52.54030, 13.33079 45. Reiswerder 46.□ Unnamed, 52.52522, 13.29311 47. Maienwerder 48. Baumwerder 49.□ Lohmühleninsel 50.□ Unnamed, 52.53028,13.28664 51. Baumgarteninsel 52. Unnamed, 52.41900, 13.72358 53. Entenwall 54. Eiswerder 55. Valentinswerder 56. Scharfenberg 57. Schwanenwerder 58. Spreeinsel 59. Pfaueninsel 60.□ Gartenfeld 61. Pichelswerder 62.□ Insel Wannsee   □ teilweise menschengemacht / partly man-made

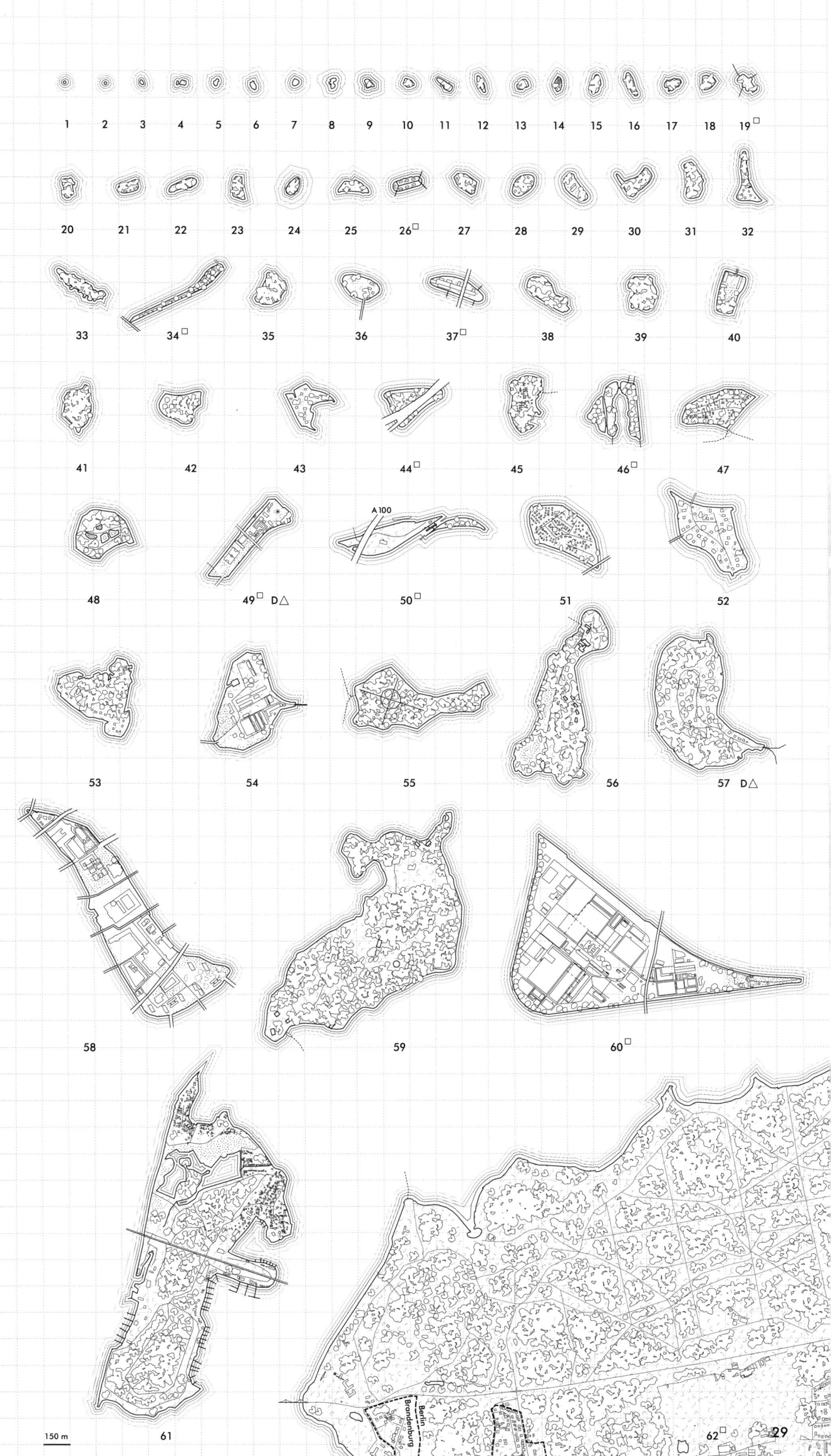

1 2 3 4 5 6 7 8 9 10 11 12 13 14 15 16 17 18 19 □

20 21 22 23 24 25 26 □ 27 28 29 30 31 32

33 34 □ 35 36 37 □ 38 39 40

41 42 43 44 □ 45 46 □ 47

48 49 □ D△ 50 □ 51 52

A 100

53 54 55 56 57 D△

58 59 60 □

150 m 61

Brandenburg
Berlin

62 □ **29**

Berlins Geburtsort ist eine Insel im Fluss, in den Gewässern der Stadt finden sich weitere Eilande in allen Größen.
Berlin's birthplace is an island in the river and other islands of all sizes can be found spread in the city's waters.

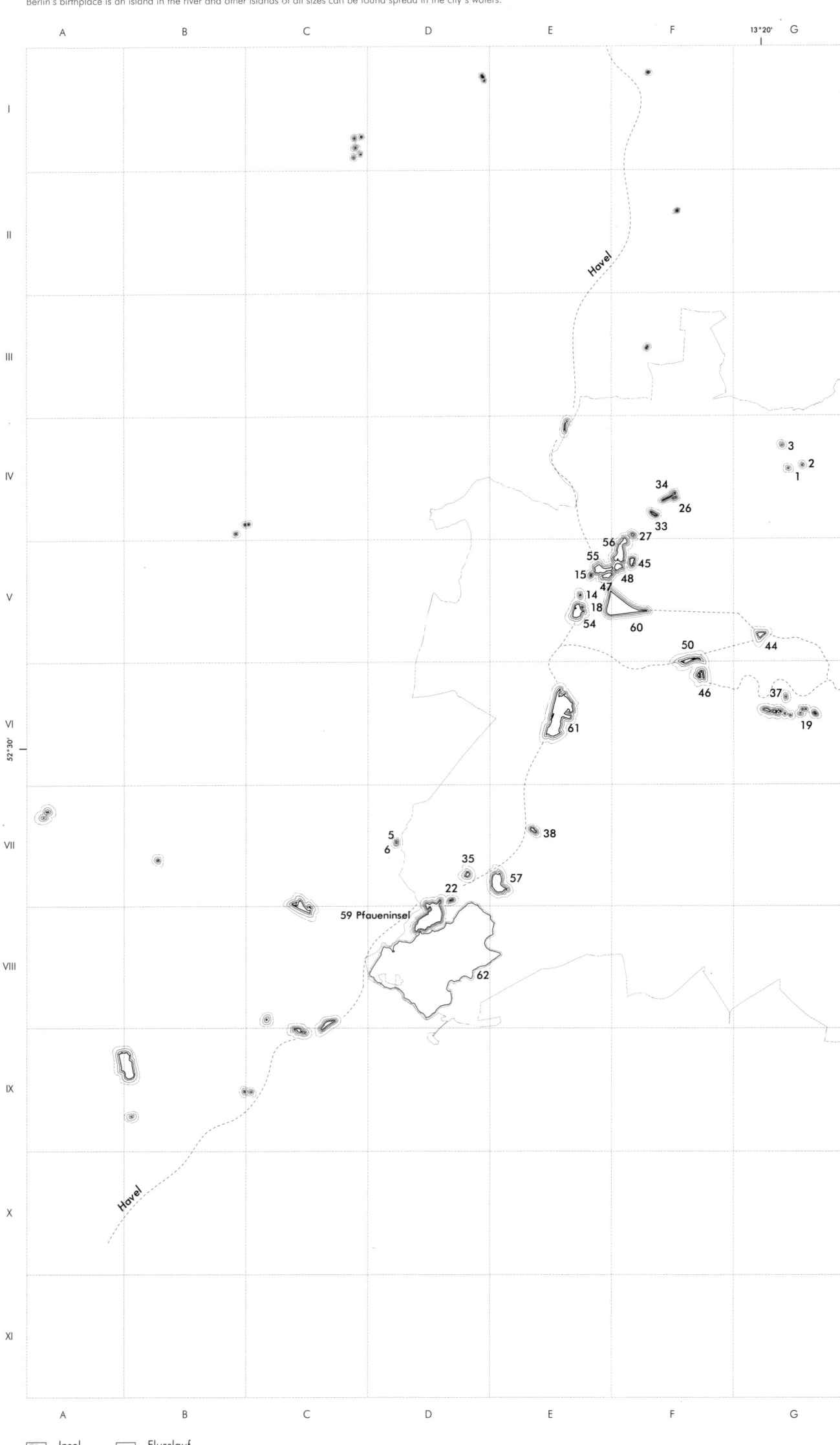

Insel
Island

Flusslauf
River course

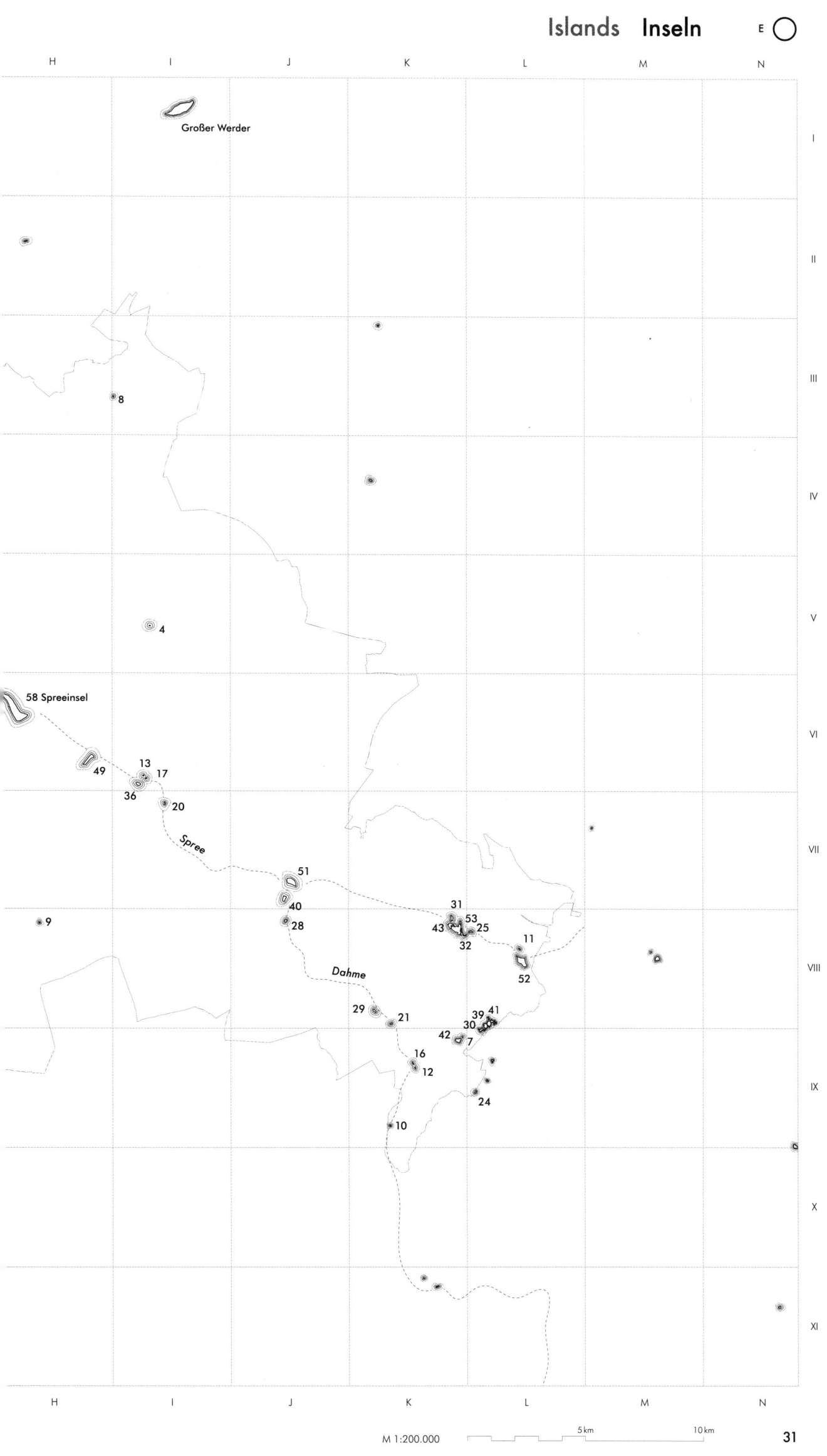

Großer Werder

8

4

58 Spreeinsel

Spree

13
49   17
36
20

51

40
28

9

31
43 53 25
32
11

Dahme

52

29   39 41
21   30
42   7

16
12

24

10

H   I   J   K   L   M   N

M 1:200.000   5 km   10 km

WÄLDER
FORESTS

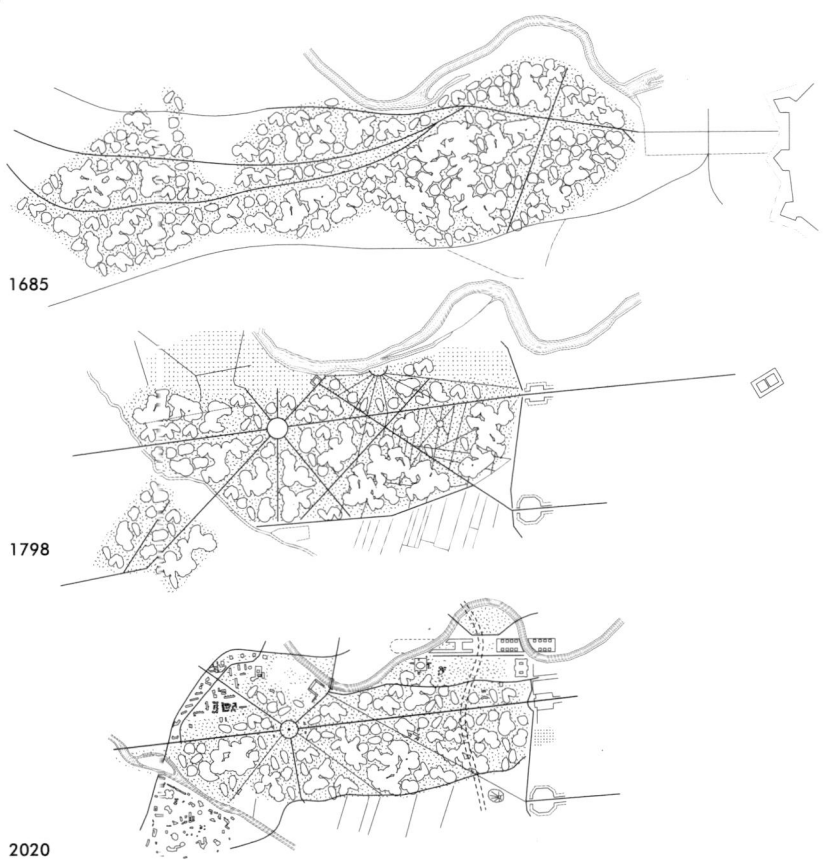

1685

1798

2020

Tiergarten, Aneignung und Transformation eines Habitats
Tiergarten, appropriation and transformation of a habitat

Berlin gilt nach wie vor als verhältnismäßig grüne Stadt, durchzogen von Parks, Kleingärten und gesäumt von großen Forstgebieten im Südosten und im Westen der Stadt. Die identitätsstiftende Rolle dieser Grünräume äußert sich auch in der Namensgebung einiger Stadtviertel. Hier finden sich oft bewahrte, aber stark überformte Naturräume, denn wer Tiergarten, Grunewald oder Friedrichshain sagt, meint damit den Grünraum und/oder das zugehörige Viertel.

Feuchte Wälder sind neben den Heidelandschaften die wohl ursprünglichste Flächenbeschaffenheit Berlins, sie bedeckten zu Beginn der Besiedlung große Teile des heutigen Berlins und seines Umlands. Die Geschichte des Tiergartens steht stellvertretend für verschiedene Phasen der Aneignung: Ursprünglicher Wald wandelt sich zu kuratierten Jagdwäldern, diese zu geordneten Forsten und im Zentrum der Stadt gelegen schließlich zu Parks mit Avenuen und Plätzen.

Eine Kartographie der aktuell bedeutenden und großflächig zusammenhängenden Waldgebiete verdeutlicht die Nutzbarmachung der Natur als eine historisch bewährte Maßnahme, um diese Gebiete vor Überbauung zu schützen. Ein Überleben dieser Gebiete scheint innerstädtisch vor allem als Park oder, wenn sie dezentraler liegen, als gerastertes Forstgebiet möglich. Nur die streng euklidische Ordnung bewahrte hier den Urzustand Wald innerhalb der Stadt, allerdings oft mit Monokulturen statt des ursprünglich artenreichen Zustands. Entlang der Berliner Stadtgrenze ergeben sich so eigenwillige Situationen, in denen dichter Wald auf Berliner Seite geschützt wird, man auf Brandenburger Seite dagegen direkt auf quirlige Neubaugebiete stößt, die möglichst stadtnah liegen wollen.

Für ein wachsendes Berlin stellt sich die Frage der Definition neuer Naturräume: Wie schützen und vor allem durch welche komplementäre Nutzung bewahren wir diese Grüninseln und -stränge? Wie erhalten wir Artenvielfalt, Mischwälder und genutzte Naturräume und entwickeln diese nachhaltig zu einer Fusion aus Landabenteuer und Stadtleben?

Berlin remains a relatively green city, sprinkled with parks and allotments and flanked by large forest areas in the southeast and west. The role of these green spaces in forming the city's identity can be seen in the names of some districts. Many areas of nature or landscape have been preserved but, over time, fundamentally altered – for instance Tiergarten, Grunewald, or Friedrichshain. Those names can refer not only to the associated district, but also a habitat that in many instances has been vastly transformed.

Next to the heathlands, damp forests are probably the most archaic form of landscape in Berlin. At the beginning of the settlement, they covered large parts of today's Berlin and its surroundings. Tiergarten, for instance, illustrates these various phases of appropriation: a virgin woodland was transformed into curated hunting forests, then into well managed forests and finally, with its city-center location, into a park with avenues and squares.

A cartography of the contiguous forest areas illustrates how the utilization of nature can serve to protect these areas from overbuilding. The survival of these woodlands was possible in the inner city above all by transformation into parks, and farther afield as gridded forest areas. Only the strict Euclidean order preserved the status of forests within the city, but often at the cost of drastic transformation of a species-rich zone into a monoculture. At the city limits it's not hard to find idiosyncrasies such as a dense forest that's protected on the Berlin side of the border but undergoing development for housing on the Brandenburg side – creating an inversion of the expected decline of density toward the city edges.

For a growing and expanding Berlin, the question of defining and protecting new natural spaces arises: How might these green islands and green corridors around the built landscape of today's Berlin be protected, and what complementary uses and concepts might preserve them? How can biodiversity be maintained and encouraged, to ultimately develop mixed forests and usable natural areas sustainably into a fusion of rural adventure and urban life?

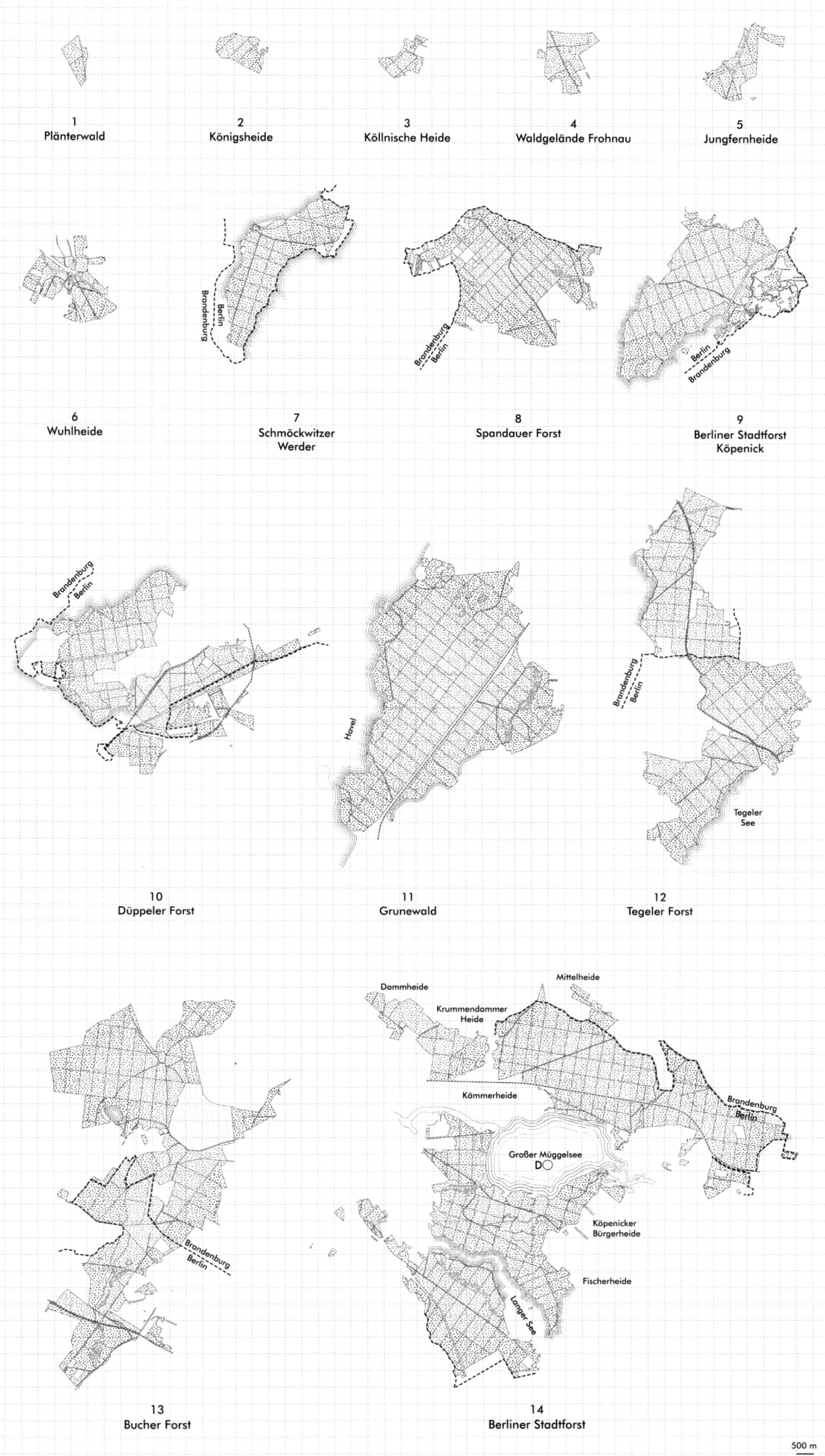

1
Plänterwald

2
Königsheide

3
Köllnische Heide

4
Waldgelände Frohnau

5
Jungfernheide

6
Wuhlheide

7
Schmöckwitzer
Werder

8
Spandauer Forst

9
Berliner Stadtforst
Köpenick

Brandenburg
Berlin

Brandenburg
Berlin

Berlin
Brandenburg

10
Düppeler Forst

11
Grunewald

12
Tegeler Forst

Brandenburg
Berlin

Havel

Brandenburg
Berlin

Tegeler
See

13
Bucher Forst

14
Berliner Stadtforst

Brandenburg
Berlin

Dammheide

Mittelheide

Krummendammer
Heide

Kämmerheide

Brandenburg
Berlin

Großer Müggelsee
D○

Köpenicker
Bürgerheide

Fischerheide

Langer See

500 m

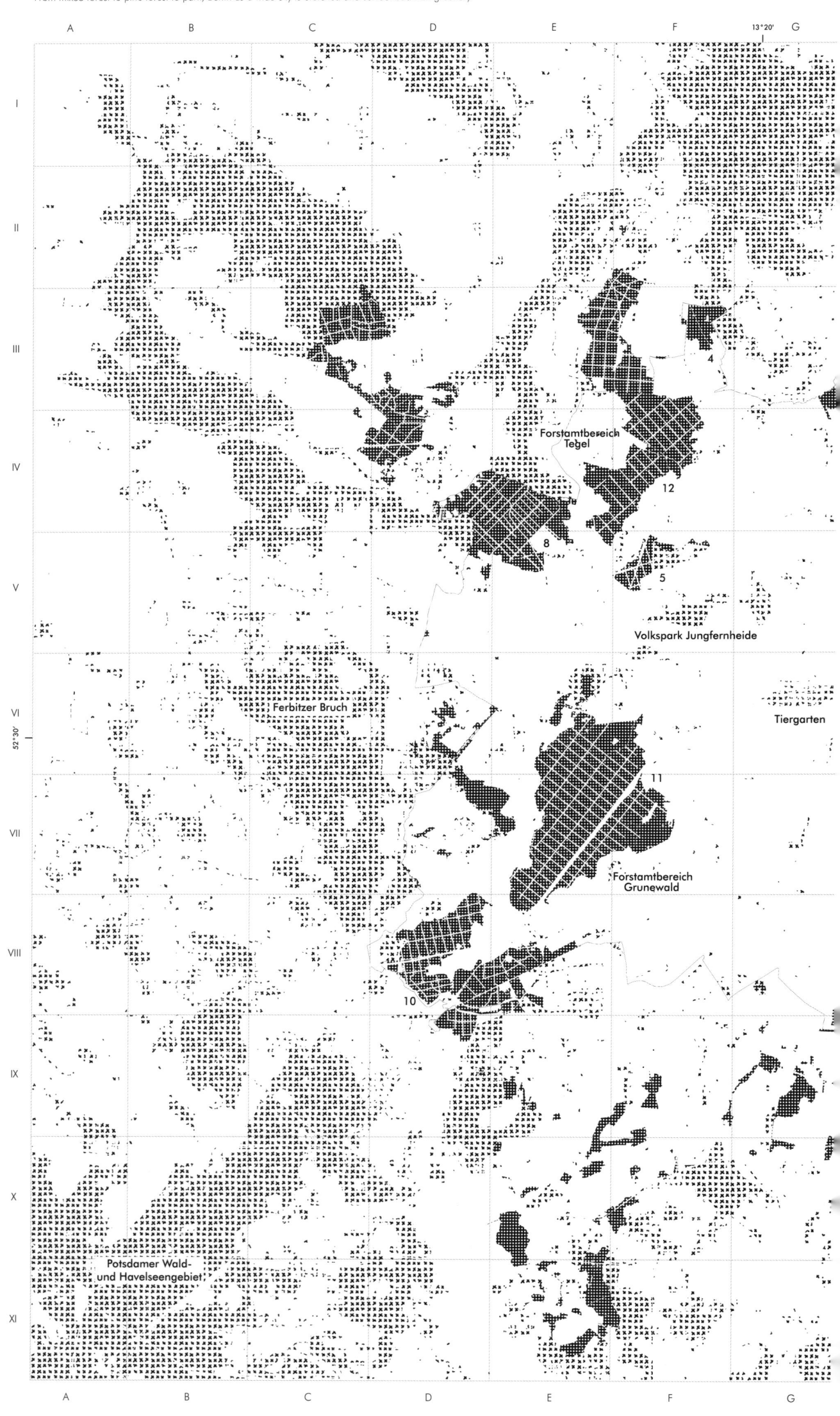

Forstamtbereich Tegel

4

12

8

5

Volkspark Jungfernheide

Ferbitzer Bruch

11

Forstamtbereich Grunewald

Tiergarten

10

Potsdamer Wald- und Havelseengebiet

13°20'

52°30'

Berliner Forst
Berlin forest

Grünraum
Green area

H   I   J   K   L   M   N

I

II

Forstamtbereich
Pankow

III

13

IV

V

VI

ritzer Garten

1

6

7

2   3

14

Forstamtbereich
Köpenick

VII

VIII

Müggelspree-Löcknitzer
Wald- und Seengebiet

9

7

IX

X

XI

H   I   J   K   L   M   N

M 1:200.000   5 km   10 km

KÜNSTLICHE BERGE
ARTIFICIAL MOUNTAINS

Die menschengemachten Berge in einer Gesamtschau, nach Höhe sortiert
The man-made mountains in a graphic overview, sorted by height

Die Rangliste ist eindeutig, Berlins höchste Berge sind menschengemacht. Aus unterschiedlichen Gründen haben sich um die Stadt im Laufe der Zeit Hügel und Berge erhoben. So wurden etwa 75 Millionen Kubikmeter Weltkriegsschutt aufgeschichtet und begrünt und bilden heute neue Höhenzüge und Parks der Stadt. Andernorts wurde der Müll der Stadt zu künstlichen Hügeln aufgetürmt. In manchen Fällen wurden unlöschbare Bausünden oder politisch ungewollte, unfreiwillige Denkmale unter den Teppich gekehrt, die heute nur noch in einer Schnittzeichnung zu erkennen sind: So verschwand die vormalige Wehrtechnische Fakultät unter den sanften Schwüngen des Teufelsberges, ebenso wie ein Hochbunker mit Flaktürmen unter den Bunkerbergen im ehemals flachen Volkspark Friedrichshain. So sind gebaute Stadt und gebaute Natur eng miteinander verwoben. Böschungswinkel von Sand und Material bestimmen Steilheit und Geometrie der Haldenberge. Die Steigungswinkel der verschlungenen Pfade und Sträßchen der Trümmerberge erklären sich aus dem für die damaligen Haldenfahrzeuge und Schuttloren noch befahrbaren Winkel. Insgesamt befinden sich 14 dokumentierte Trümmerberge auf dem Berliner Stadtgebiet, die von den jeweiligen Verwaltungen oder Besatzungsmächten im West- und Ostteil der Stadt angelegt wurden. West-Berlin hatte hierbei als isoliertes Stadtgebiet kein Umland zur Verfügung. So kam es zu einer kuratierten Planung, die topographische Erhöhungen des Urstromtals auch in der Innenstadt räumlich stärken sollte, wie sie etwa im zonenübergreifenden Kollektivplan von Reinhold Lingner und Hans Scharoun mit weiteren Fachleuten 1946 entworfen, aber später nur teilweise umgesetzt wurde. Von den in den folgenden Jahrzehnten zu Bergen wachsenden Mülldeponien West-Berlins liegen allerdings nicht wenige an der Grenze zu Brandenburg (und damals zur DDR), um sie möglichst weit entfernt vom Stadtgebiet zu platzieren und unerwünschte Nebeneffekte der Haldenlagerung zu verschleiern.

Dieses kontinuierliche Überformen des Territoriums durch Terraforming könnte auch ein Ausblick auf mögliche Zukunftsszenarien sein, in denen Natur gleichsam aus Geschichte wächst. Die gemachte, erplante und erträumte Umwelt überformt die natürliche Identität der Landschaft und wird zu etwas Neuem, klar dem Anthropozän Zugehörigen: einer Welt, in der es keine klaren Grenzen mehr gibt und in der sich Erdachtes von Wirklichkeit nur noch um den Preis ökonomischer Machbarkeit unterscheidet.

The ranking is clear: Berlin's highest mountains are man-made. For various reasons, hills and mountains have risen around the city over time. For example, some 75 million cubic meters of World War II rubble was piled up, covered with soil, and planted with greenery for use as parks. Elsewhere, the city's everyday rubbish has been gathered into artificial hills. In some cases, indestructible buildings or unintentional and politically toxic monuments were hidden under mounds of earth and today can only be seen in a sectional drawing: for example, the former faculty for military technology disappeared beneath the gentle curves of the Teufelsberg, as did a high bunker with flak towers under the "Großer Bunkerberg" in Volkspark Friedrichshain, one of the largest parks in East Berlin.

Thus, the built city and built nature are closely interwoven. The slope angle of sand and material determines the steepness and geometry of the heaps. The gradients of the winding paths and streets of the rubble mountains were determined by the climbing ability of the dump trucks and other vehicles hauling rubble. Berlin is home to 14 documented mountains of debris, created by the administrations in the western and eastern parts of the city. West Berlin, of course, had no surrounding countryside. This led to a curated plan that was intended to strengthen the topographical elevations of the Urstromtal in the city center (Reinhold Lingner/Scharoun Plan 1946). However, quite a few of West Berlin's waste dumps that grew into mountains in the following decades were located on the border with Brandenburg (and at that time with the GDR) in order to place them as far as possible from the city center and conceal undesirable side effects such as bad odors and toxic spills.

This continuous re-shaping of territory through terraforming could be a harbinger of future scenarios in which nature grows out of historic remains. The built, planned and dreamed environment transforms the natural identity of the landscape and becomes something new and artificial, something clearly belonging to the Anthropocene: a world in which there are no clear boundaries and in which the imagined differs from reality only as a result of economic feasibility.

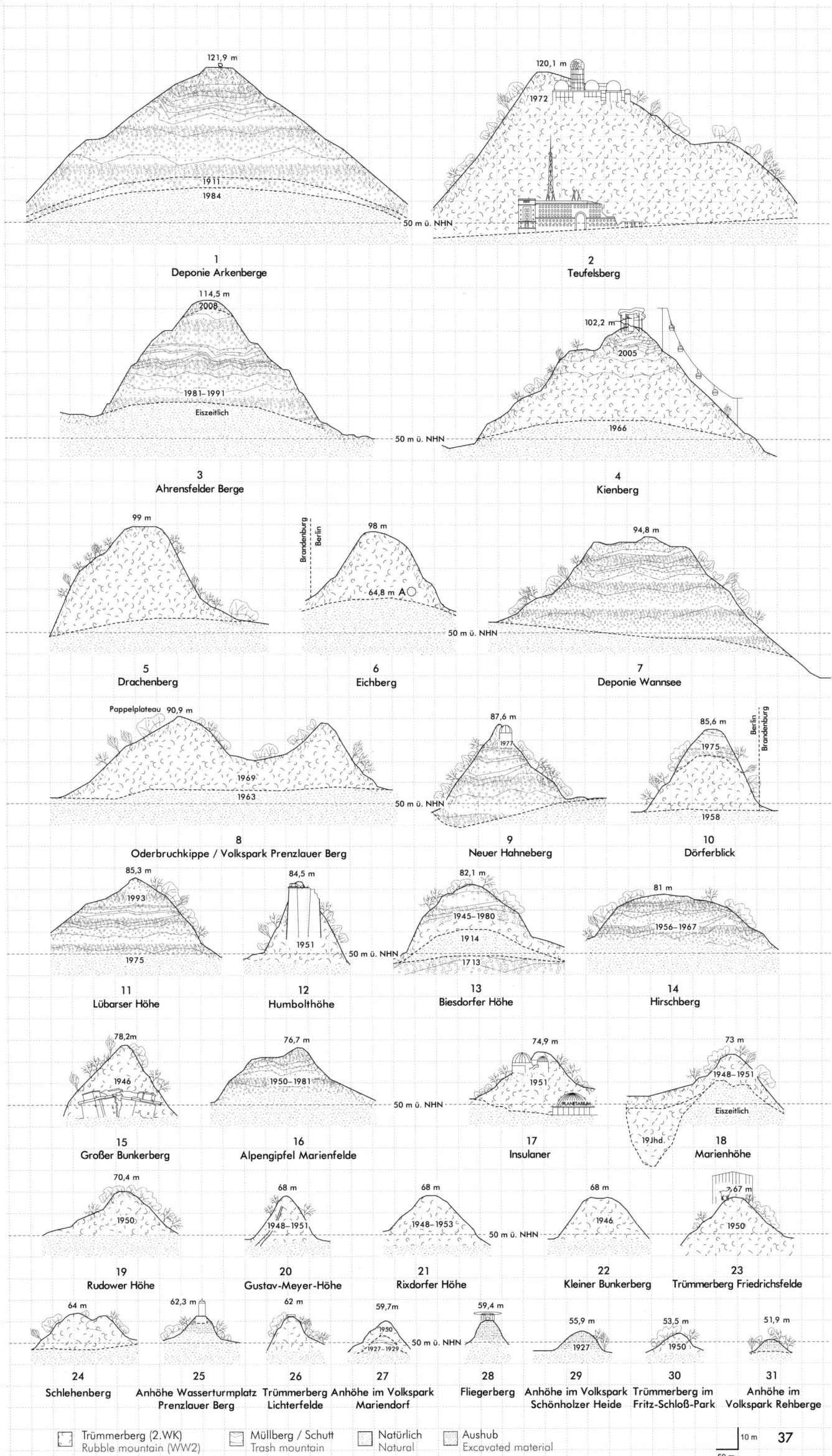

1
Deponie Arkenberge
121,9 m
1911
1984
50 m ü. NHN

2
Teufelsberg
120,1 m
1972

3
Ahrensfelder Berge
114,5 m
2008
1981–1991
Eiszeitlich
50 m ü. NHN

4
Kienberg
102,2 m
2005
1966

5
Drachenberg
99 m

6
Eichberg
98 m
Brandenburg | Berlin
64,8 m A
50 m ü. NHN

7
Deponie Wannsee
94,8 m

8
Oderbruchkippe / Volkspark Prenzlauer Berg
Pappelplateau 90,9 m
1969
1963

9
Neuer Hahneberg
87,6 m
1977
50 m ü. NHN

10
Dörferblick
85,6 m
Berlin | Brandenburg
1975
1958

11
Lübarser Höhe
85,3 m
1993
1975

12
Humbolthöhe
84,5 m
1951
50 m ü. NHN

13
Biesdorfer Höhe
82,1 m
1945–1980
1914
1713

14
Hirschberg
81 m
1956–1967

15
Großer Bunkerberg
78,2m
1946

16
Alpengipfel Marienfelde
76,7 m
1950–1981

17
Insulaner
74,9 m
1951
50 m ü. NHN
PLANETARIUM

18
Marienhöhe
73 m
1948–1951
Eiszeitlich
19.Jhd.

19
Rudower Höhe
70,4 m
1950

20
Gustav-Meyer-Höhe
68 m
1948–1951

21
Rixdorfer Höhe
68 m
1948–1953
50 m ü. NHN

22
Kleiner Bunkerberg
68 m
1946

23
Trümmerberg Friedrichsfelde
67 m
1950

24
Schlehenberg
64 m

25
Anhöhe Wasserturmplatz Prenzlauer Berg
62,3 m

26
Trümmerberg Lichterfelde
62 m

27
Anhöhe im Volkspark Mariendorf
59,7m
1950
1927–1929
50 m ü. NHN

28
Fliegerberg
59,4 m

29
Anhöhe im Volkspark Schönholzer Heide
55,9 m
1927

30
Trümmerberg im Fritz-Schloß-Park
53,5 m
1950

31
Anhöhe im Volkspark Rehberge
51,9 m

Trümmerberg (2.WK)
Rubble mountain (WW2)

Müllberg / Schutt
Trash mountain

Natürlich
Natural

Aushub
Excavated material

10 m
50 m

37

Viele der bekanntesten Berliner Berge sind menschengemacht, gebaute Schichten und Geschichten.
Many of Berlin's most famous mountains are man-made, piled layers and built-up history.

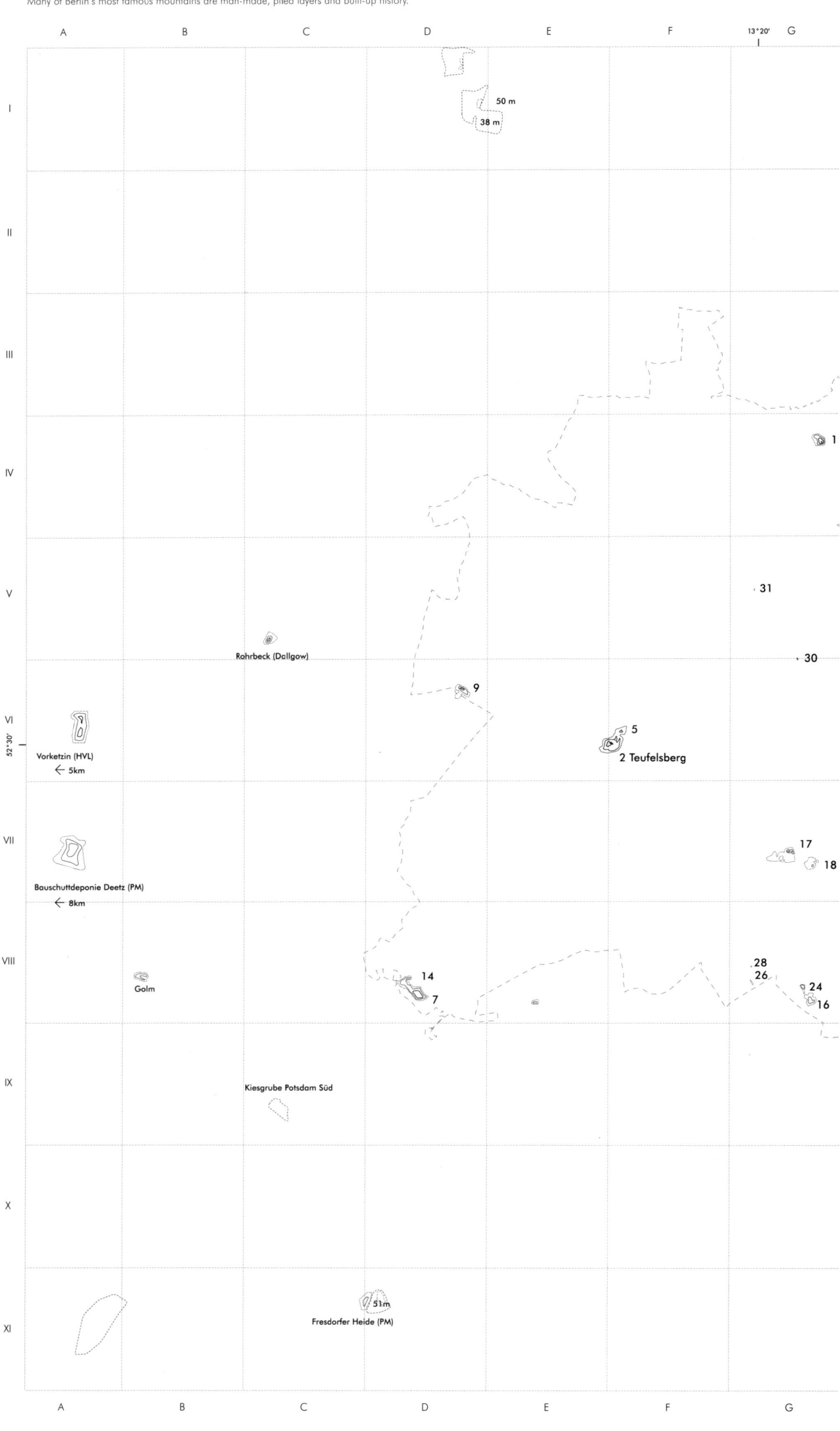

A   B   C   D   E   F   13°20'   G

I

50 m

38 m

II

III

IV

1

V

31

Rohrbeck (Dallgow)

30

9

VI

5

52°30'

2 Teufelsberg

Vorketzin (HVL)
← 5km

VII

17

Bauschuttdeponie Deetz (PM)

18

← 8km

VIII

28
26

Golm

14

24

7

16

IX

Kiesgrube Potsdam Süd

X

XI

51 m

Fresdorfer Heide (PM)

A   B   C   D   E   F   G

Künstlicher Berg
Artificial mountain

Künstliches Tal
Artificial valley

H   I   J   K   L   M   N

I

II

III

1 Deponie Arkenberge

IV

3 Ahrensfelder Berge

V

Humboldthöhe

25

8

22

15 Großer Bunkerberg

4

13

23

VI

Hennickendorf (MOL)

Kalksteintagebau Rüdersdorf

-49 m

90 m

21

VII

27

6

19

VIII

10 Dörferblick

IX

X

34 m

51 m

37 m

XI

Senzig

↓ 2km

Deponie Schöneiche

H   I   J   K   L   M   N

M 1:200.000   5 km   10 km

UNTERWELTEN
UNDERGROUND

"Thomas-Tunnel", Glienicke/Nordbahn, 1962
"Becker-Tunnel", Glienicke/Nordbahn, 1962
Aagaard-Tunnel, Ottostraße 7, 1963

Friedhof Pankow, 1961
Tunnel Bergman-Borsig-Werke, 1962

Fluchttunnel Wollankstraße, 1962

Bernauer Straße 79, 1964
Bernauer Straße 97, 1964

Schwedter Straße, 1962

Zimmerstraße 56, 1962
Checkpoint Charlie, 1972

Heidelberger Straße 28/29, 1962
Heidelberger Straße 75, 1962

Tunnel Königstraße, 1973
Stubenrauchstraße Campingplatz
Kleinmachnow, 1961
Waldmüllerstraße, 1973
An der Stammbahn, 1961

Erfolgloser Fluchttunnel/
Unsuccessful escape tunnel

Erfolgreicher Fluchttunnel/
Successful escape tunnel

9   Anzahl der entkommenen Menschen/
Amount of escaped people

Fluchttunnel nach West-Berlin
Escape tunnels to West Berlin

Wie tief ist Berlin? Unter der Oberfläche der Stadt verbirgt sich ein einmaliges Netzwerk aus gebauten Schichten und Geschichten. Wie in einem Archiv lagern dort ungenutzte und vergessene Infrastrukturen, genauso wie neu erstellte Tunnel und Verbindungen, welche die wachsende und zusammenwachsende Stadt als Arterien verbinden.

Die spannungsvolle Entwicklung Berlins, insbesondere ab Mitte des 19. Jahrhunderts, spiegelt sich auch in all den Infrastrukturen Berlins wider, die unter der Stadt vergraben im märkischen Sand liegen.

Zu den für eine Großstadt üblichen Projekten der Kanalisation (1885 von James Hobrecht) und Untergrundbahnen kamen im Laufe der Zeit hochspezielle Systeme hinzu, wie das mit Überdruck betriebene 400 Kilometer lange Netzwerk der Rohrpost. Während der Teilung der Stadt wurde auch die Unterwelt aufgeteilt. Bei spektakulären Fluchtversuchen wurde versucht, die Sperrgitter der Kanalisation zu umgehen, die CIA baute einen 450 Meter langen Spionagetunnel am südlichen Stadtrand und U-Bahnen durchfuhren Geisterbahnhöfe und passierten unterirdisch feindliches Staatsgebiet. Besonders die vielen persönlichen Schicksale hinter den ca. 70 Fluchttunneln unter der Mauer hinweg versinnbildlichen eine politische Dramatik der im Untergrund versammelten Rohre, Tunnel, Gewölbe, Bunker und Infrastrukturen.

Diese unterirdische Bauschichten überdauern lange Zeiträume, zu viel Wertvolles liegt über und auf ihnen. Doch bieten sich Bunker, leere Bahnhöfe oder alte Kohlenkeller mit ihrem vielfältigen Flächen- und Nutzungspotenzial regelrecht an für die Stadt von morgen, als Orte latenter Utopien und digitaler Formen des Lagerns und Verbindens.

How deep is Berlin? Beneath the surface of the city lies a unique network of built layers and stories, an engineered underworld. Like in an archive, there's an unused and forgotten infrastructure as well as newly built tunnels and connections that link the growing and merging city.

The development of Berlin, especially from the middle of the 19th century, is also reflected in the infrastructure buried beneath the city in the sands so typical of Berlin and the surrounding Brandenburg.

In addition to the sewage system (1885 by James Hobrecht) and underground railway projects that are usual for a large city, highly specialized systems were added over time, such as a 400 km-long postal network of pneumatic tubes used to ship small packages and letters. During the division of the city, the underworld also had to be divided. Spectacular escape attempts were made to bypass barriers that had been built in the sewage system, the CIA built a 450m-long spy tunnel at the southern city border, and subways passed through ghost stations and below hostile territory. The various personal destinies behind the 70 or so escape tunnels dug beneath the Wall symbolize the many outstanding political dramas of the underground's pipes, vaults, bunkers and infrastructure.

These underground layers of construction have survived because so much of value lies above and below them. But bunkers, empty train stations or old coal cellars, with their diverse space and usage potentials, are ideal for the city of tomorrow as potential sites for latent utopias or forms of digital storage and connection.

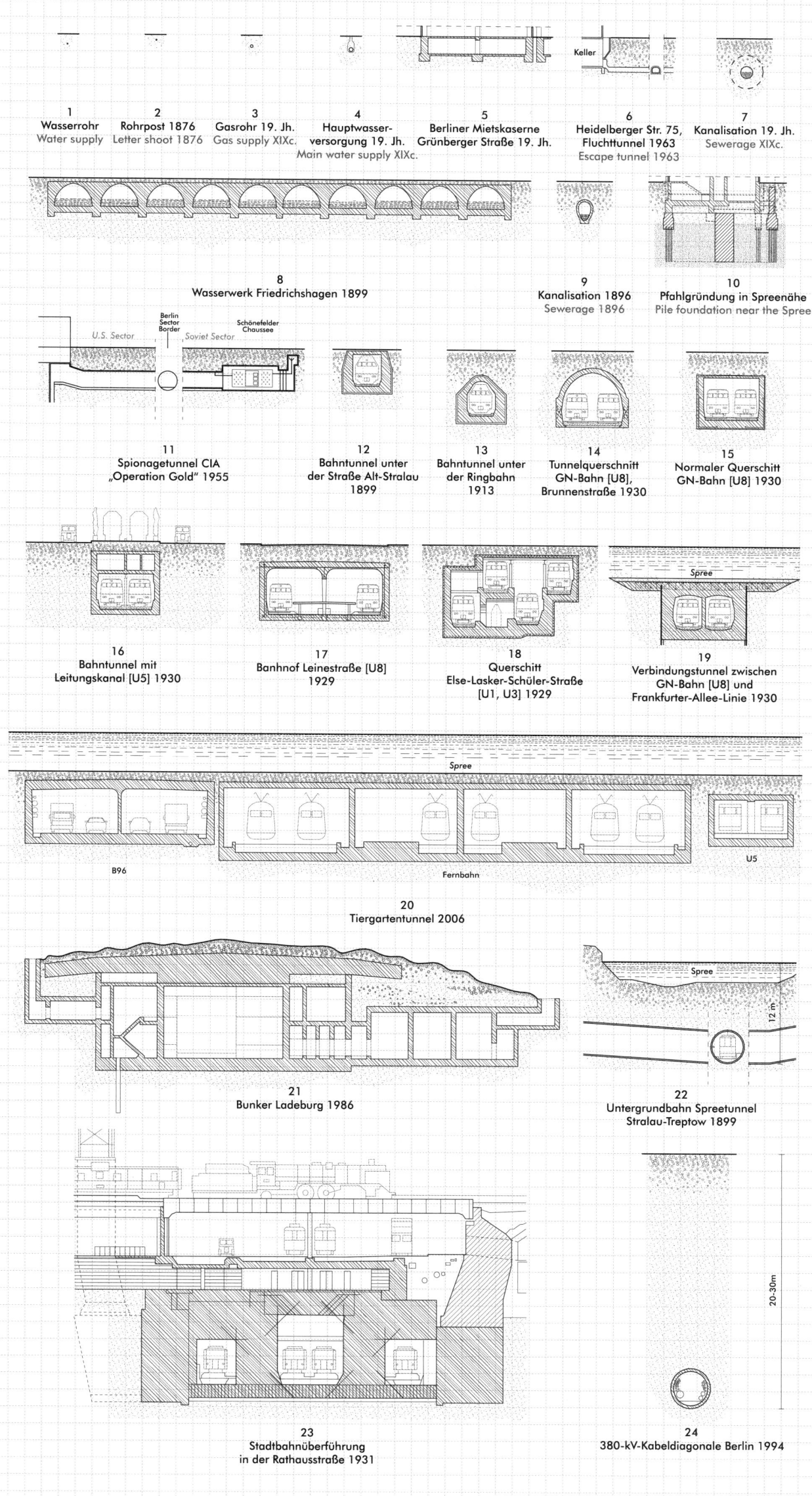

1 — Wasserrohr — Water supply

2 — Rohrpost 1876 — Letter shoot 1876

3 — Gasrohr 19. Jh. — Gas supply XIXc.

4 — Hauptwasserversorgung 19. Jh. — Main water supply XIXc.

5 — Berliner Mietskaserne Grünberger Straße 19. Jh.

6 — Heidelberger Str. 75, Fluchttunnel 1963 — Escape tunnel 1963

7 — Kanalisation 19. Jh. — Sewerage XIXc.

8 — Wasserwerk Friedrichshagen 1899

9 — Kanalisation 1896 — Sewerage 1896

10 — Pfahlgründung in Spreenähe — Pile foundation near the Spree

U.S. Sector · Berlin Sector Border · Soviet Sector · Schönefelder Chaussee

11 — Spionagetunnel CIA „Operation Gold" 1955

12 — Bahntunnel unter der Straße Alt-Stralau 1899

13 — Bahntunnel unter der Ringbahn 1913

14 — Tunnelquerschnitt GN-Bahn [U8], Brunnenstraße 1930

15 — Normaler Querschitt GN-Bahn [U8] 1930

16 — Bahntunnel mit Leitungskanal [U5] 1930

17 — Banhnof Leinestraße [U8] 1929

18 — Querschitt Else-Lasker-Schüler-Straße [U1, U3] 1929

Spree

19 — Verbindungstunnel zwischen GN-Bahn [U8] und Frankfurter-Allee-Linie 1930

Spree

B96 · Fernbahn · U5

20 — Tiergartentunnel 2006

21 — Bunker Ladeburg 1986

Spree · 12 m

22 — Untergrundbahn Spreetunnel Stralau-Treptow 1899

20-30m

23 — Stadtbahnüberführung in der Rathausstraße 1931

24 — 380-kV-Kabeldiagonale Berlin 1994

2 m   **41**

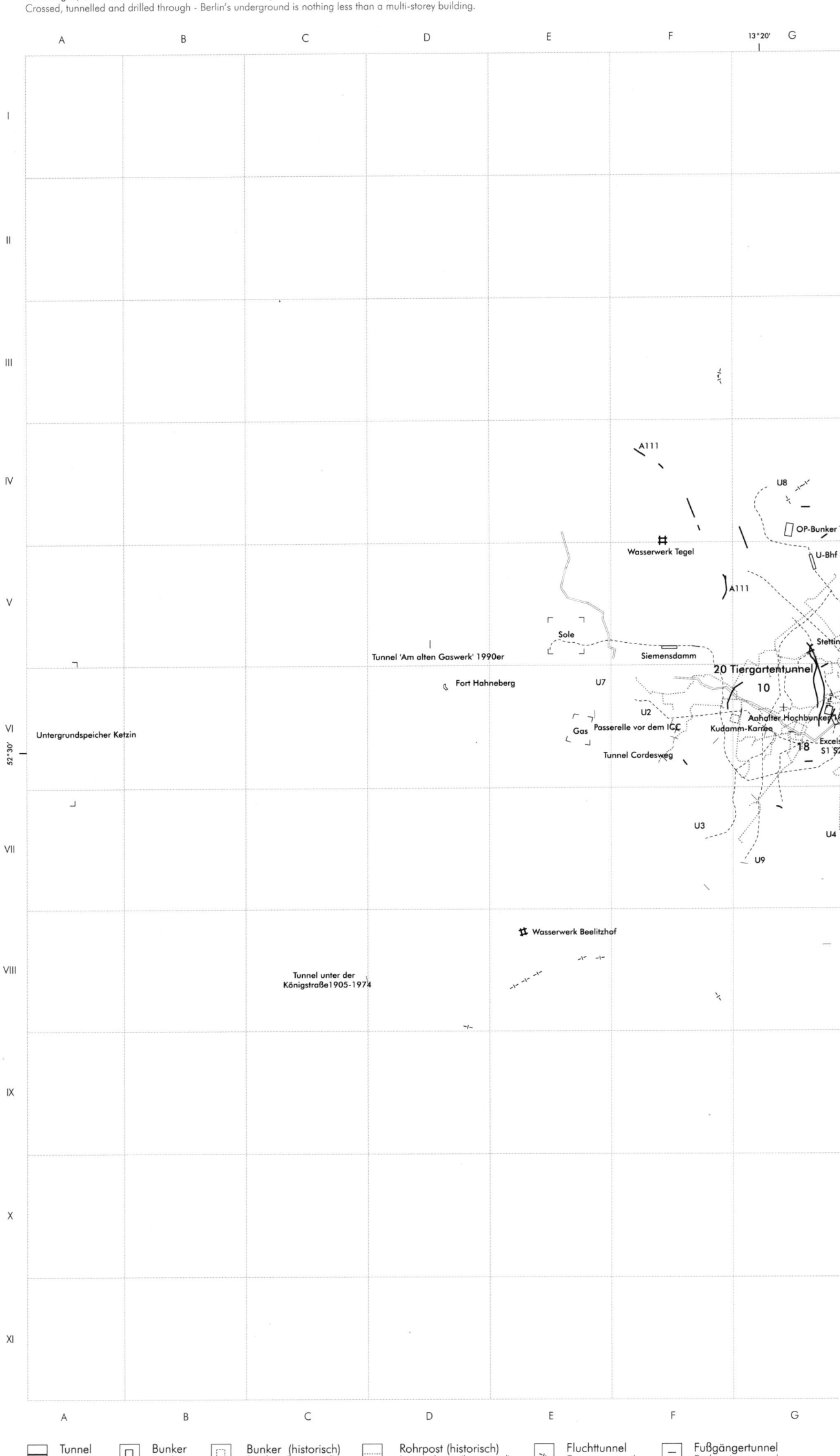

Durchzogen, untertunnelt und durchbohrt – Berlins Untergrund ist ein mehrgeschossiges Bauwerk.
Crossed, tunnelled and drilled through - Berlin's underground is nothing less than a multi-storey building.

13°20'

52°30'

A111

U8

OP-Bunker

Wasserwerk Tegel

U-Bhf F

A111

Sole

Stettin

Tunnel 'Am alten Gaswerk' 1990er

Siemensdamm

20 Tiergartentunnel

Fort Hahneberg

U7

10

U2

Anhalter Hochbunker

Untergrundspeicher Ketzin

Gas

Passerelle vor dem ICC

Kudamm-Karree

18

Excels

S1 S2

Tunnel Cordesweg

U3

U4

U9

Wasserwerk Beelitzhof

Tunnel unter der
Königstraße1905-1974

| Tunnel Tunnel | Bunker Bunker | Bunker (historisch) Bunker (historical) | Rohrpost (historisch) Letter shoot (historical) | Fluchttunnel Escape tunnel | Fußgängertunnel Pedestrian tunnel |

H   I   J   K   L   M   N

☐ Objekt 17/5001
  Honecker-Bunker (5km↑)

                                    I

☐ 21 Bunker Ladeburg

                                    II

                                    III

\   IV

                                    ☐
                          Bunker Strausberg (4km→)

aße

aße

U2
f Gesundbrunnen 1935   V

57
el

24 Kabeldiagonale Berlin
Führerbunker 1944-1947
                      | Tunnel, Allee der Kosmonauten
unker
951 | Tunnel, Bahnhof Kaulsdorf 1903
Waisentunnel
unker   VI
el
                    U5

      12
      22
        6
17   Untergrundspeicher Rüdersdorf

A100
         | Abwasserdruckleitung Biesdorf-Waßmannsdorf   VII

                        ⊞ 8 Wasserwerk Friedrichshagen
            Spreetunnel Friedrichshagen

      U7

         A113|
                                    VIII
      -|< 11 Spionagetunnel CIA „Operation Gold" 1955

                              ◊ Bunker „Kombinat" bei Gosem

                                    IX
Bahntunnel BER

                                    X

Untergrundspeicher Mittenwalde
                                    XI

H   I   J   K   L   M   N

INFRASTRUKTUR
INFRASTRUCTURAL FLOWS

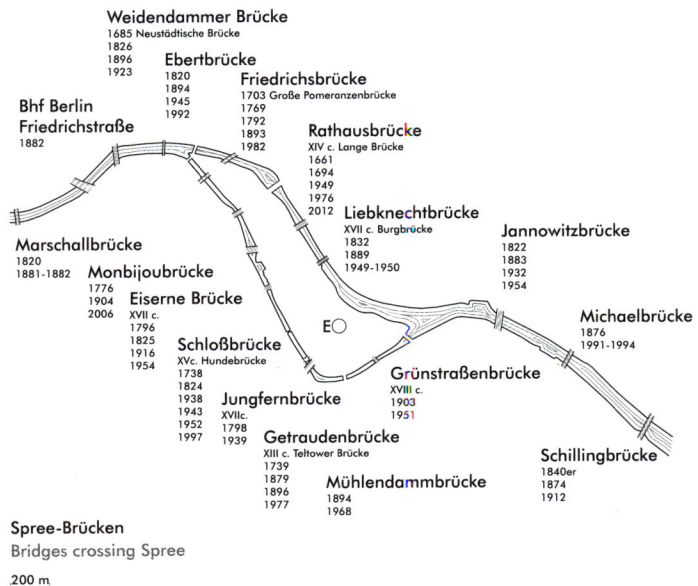

Weidendammer Brücke
1685 Neustädtische Brücke
1826
1896
1923

Ebertbrücke
1820
1894
1945
1992

Friedrichsbrücke
1703 Große Pomeranzenbrücke
1769
1792
1893
1982

Bhf Berlin Friedrichstraße
1882

Rathausbrücke
XIV c. Lange Brücke
1661
1694
1949
1976
2012

Liebknechtbrücke
XVII c. Burgbrücke
1832
1889
1949-1950

Jannowitzbrücke
1822
1883
1932
1954

Marschallbrücke
1820
1881-1882

Monbijoubrücke
1776
1904
2006

Eiserne Brücke
XVII c.
1796
1825
1916
1954

Schloßbrücke
XVc. Hundebrücke
1738
1824
1938
1943
1952
1997

Jungfernbrücke
XVIIc.
1798
1939

Getraudenbrücke
XIII c. Teltower Brücke
1739
1879
1896
1977

Grünstraßenbrücke
XVIII c.
1903
1951

Mühlendammbrücke
1894
1968

Michaelbrücke
1876
1991-1994

Schillingbrücke
1840er
1874
1912

E O

Spree-Brücken
Bridges crossing Spree
200 m

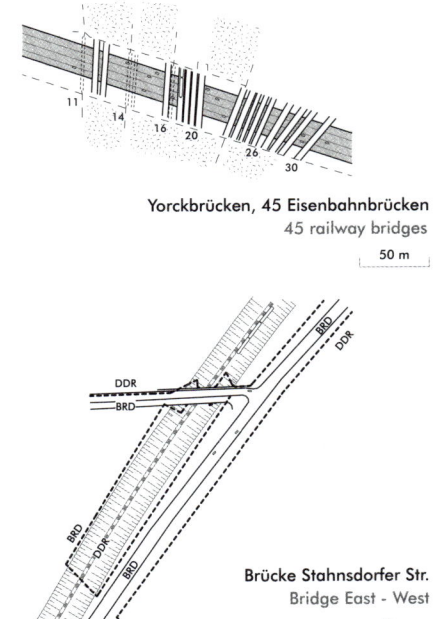

Yorckbrücken, 45 Eisenbahnbrücken
45 railway bridges
50 m

DDR
BRD

BRD
DDR
BRD

Brücke Stahnsdorfer Str.
Bridge East - West
50 m

Brücken als Schnittpunkt mit natürlichen, gebauten oder politischen Bewegungslinien
Bridges as a point of intersection with natural, built or political lines of movement

Der Knotenpunkt zweier Linien – der Spree und einer querenden Straße – ist der Ort, von dem aus sich Berlin entwickelte. Die Stadt wuchs im Gleichschritt mit dem expandierenden und dichter werdenden Netzwerk aus Straßen und Wasserwegen. Funktionierte deren Schnittstelle zu Beginn noch als amphibische Kreuzung (eine Furt in der Spree bei Berlin-Cölln), so begann man mit zunehmenden Ansprüchen an deren Nutzung diese wesensverschiedenen Netzwerke eigenständig und als notwendig fortlaufende Stränge zu denken. Ein komplexes Flechtwerk aus Wegen, Wasserwegen, später dann Bahnlinien und Schnellstraßen wurde zunehmend in einer vertikalen Überlagerung zueinander gedacht. Es entstand eine Welt aus Brücken und Hochbahnen, Fortbewegung auf unterschiedlichen Niveaus.

Dem eher spontan und kleinteilig wachsenden Netzwerk wurden immer wieder übergeordnete Systeme implantiert, zumeist aus vordergründig praktischen Motiven geplant. Radiale Ausfallstraßen korrespondierten mit dem Abwassersystem (Hobrechtplan) und dienten als kurze Wege in Sicherheitsbelangen. Die Verbindungsbahn und ab 1877 die Ringbahn verbanden die an den Toren der Stadt in Kopfbahnhöfen mündenden Fernbahnlinien. Bereits im Jahre 1930 wurde Berlin über seine Grenzen hinausgedacht: Auf einer Länge von 196 Autobahnkilometern umrundet der Berliner Ring die Stadt fast ausschließlich auf Brandenburger Gebiet und prägt bis heute logistische Infrastrukturen vor den Toren Berlins. Später folgte Verkehrsplanung verstärkt ideologischen Konzepten, z. B. durch ein monumentales Achsenkreuz (Speerplan 1941), ein gerastertes Verkehrsnetz (Kollektivplan 1946) oder doch durch das Weiterdenken des Vorhandenen (Zehlendorfer Plan 1946). Eine gesamtheitliche Planung erfolgte während der Teilung der Stadt höchstens als Blick in die Zukunft und auch die Utopien der Verkehrsplanung fanden zur Mitte des 20. Jahrhunderts vorerst ihren Höhepunkt. Trotz offensichtlicher Notwendigkeit wurde der Wandel zur autofreien Stadt und neuer Mobilität bisher nur zaghaft, mit wenig schlüssigen und nur vereinzelten Umbauten der Straßen und Radwege vorangetrieben. Auf der Suche nach neuen Grenzen der Stadt stößt der Verbraucher heute auf Karten und Auskünfte, die das Preisniveau für „Stadtlieferungen" bereits mithilfe digitaler Algorithmen bis weit nach Brandenburg hinein ausgedehnt haben. Entscheidend für Stadt oder Land sind nicht länger Grenzziehungen, sondern die Erreichbarkeit. In der Stadt der Ströme wird Distanz gemessen in Zeit.

The intersection of two lines - the Spree and a crossing trade route - is the place from which Berlin developed. The city grew in step with the expanding and denser network of streets and waterways. In the beginning, these roads and waterways functioned as an amphibious crossroads (a ford in the Spree at Berlin-Cölln), but as the demands on their use increased, the city began to think of these different networks as independent and necessarily continuous strands. A complex patchwork of paths, waterways, and later rail lines and highways was increasingly thought of as a vertical overlay. The result was the creation of a world of bridges and elevated railways: locomotion on different levels.

But new meta-systems were repeatedly integrated into this spontaneously growing network, mostly developed along functional and practical reasons. Radial roads were planned in accordance with the sewage system (Hobrecht Plan) and served as quick access routes for safety reasons. The connecting railway and, from 1877, the ring railway ("Ringbahn") linked the main federal rail lines, which ended in terminal stations, "Kopfbahnhöfen," at the gates of the city. As early as 1930, Berlin was thinking beyond its borders, with the planned construction of the Berliner Ring, a 196-kilometer beltway for cars and trucks that's almost exclusively in Brandenburg and which to this day shapes the logistical infrastructure at the city's gates. Later on, traffic planning increasingly followed ideological concepts, e.g. a monumental crossroads of axes (Speerplan 1941), a gridded traffic network (Kollektivplan 1946), or the further development of the existing road network (Zehlendorfer Plan 1946). During the division of the city, holistic planning was mostly oriented toward an uncertain future, and often focused on car-centric transportation planning that would have rammed high-speed roads through working class neighborhoods such as Kreuzberg – sparking protests that were felt throughout society and ultimately helped nurture the nascent green movement. Despite the obvious necessity, the transformation to a car-free city and new mobility has so far been driven forward only hesitantly, with little conclusive and sporadic reconstruction of streets and cycle paths.

While Berlin and the surrounding Brandenburg countryside remain administratively divided, in many respects they've become a single entity: Public transport is already synchronized, and delivery services employ algorithms combined with digital maps that read traffic patterns rather than distances and frequently decide that consumers today pay the same for services whether they're in Mitte or Mahlsdorf. The decisive factor for a city or state is no longer the physical boundaries, but accessibility. In a city of flows, distance is measured in time.

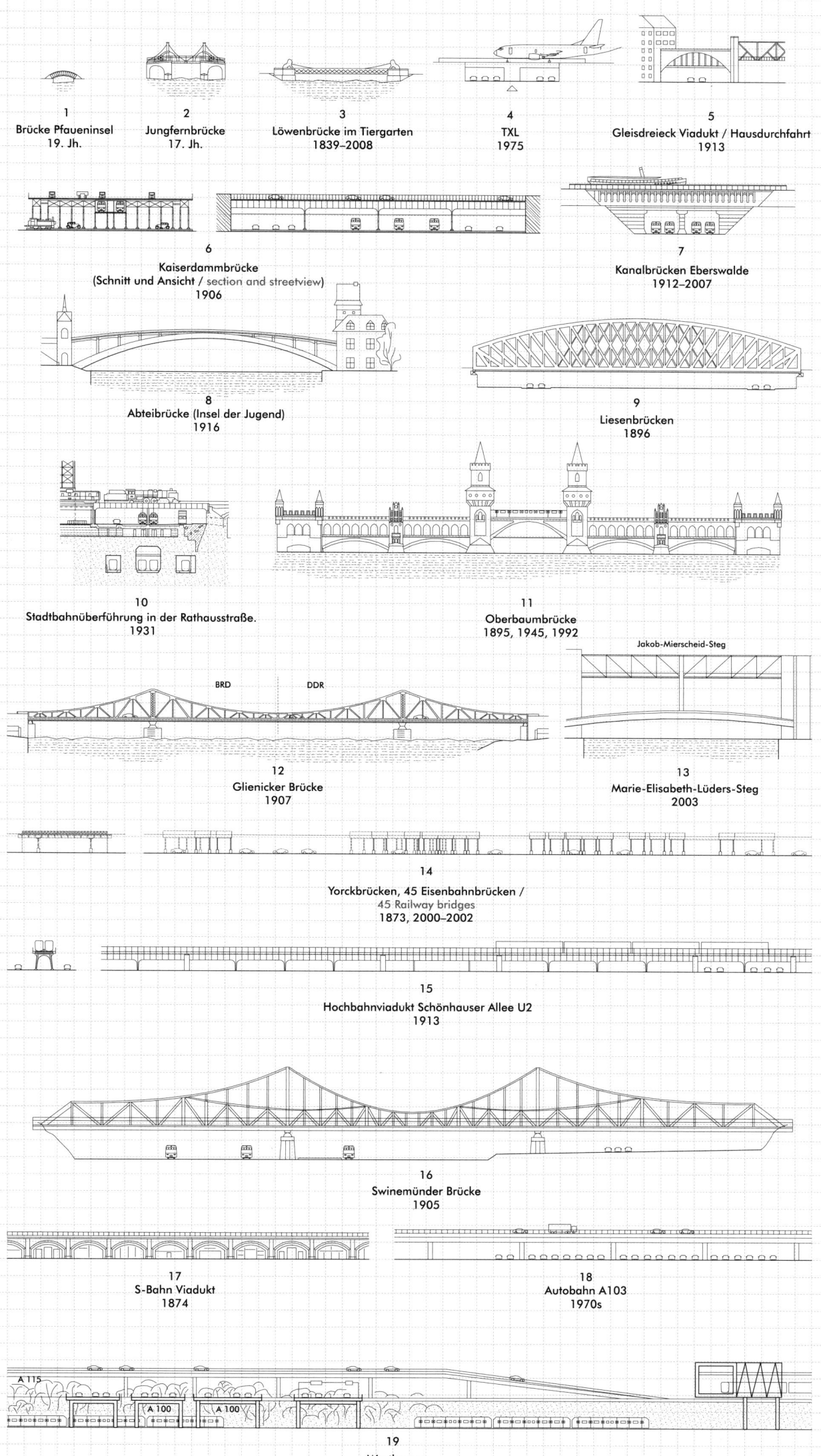

1
Brücke Pfaueninsel
19. Jh.

2
Jungfernbrücke
17. Jh.

3
Löwenbrücke im Tiergarten
1839–2008

4
TXL
1975

5
Gleisdreieck Viadukt / Hausdurchfahrt
1913

6
Kaiserdammbrücke
(Schnitt und Ansicht / section and streetview)
1906

7
Kanalbrücken Eberswalde
1912–2007

8
Abteibrücke (Insel der Jugend)
1916

9
Liesenbrücken
1896

10
Stadtbahnüberführung in der Rathausstraße.
1931

11
Oberbaumbrücke
1895, 1945, 1992

BRD   DDR

12
Glienicker Brücke
1907

Jakob-Mierscheid-Steg

13
Marie-Elisabeth-Lüders-Steg
2003

14
Yorckbrücken, 45 Eisenbahnbrücken /
45 Railway bridges
1873, 2000–2002

15
Hochbahnviadukt Schönhauser Allee U2
1913

16
Swinemünder Brücke
1905

17
S-Bahn Viadukt
1874

18
Autobahn A103
1970s

A 115

A 100   A 100

19
Westkreuz

5 m

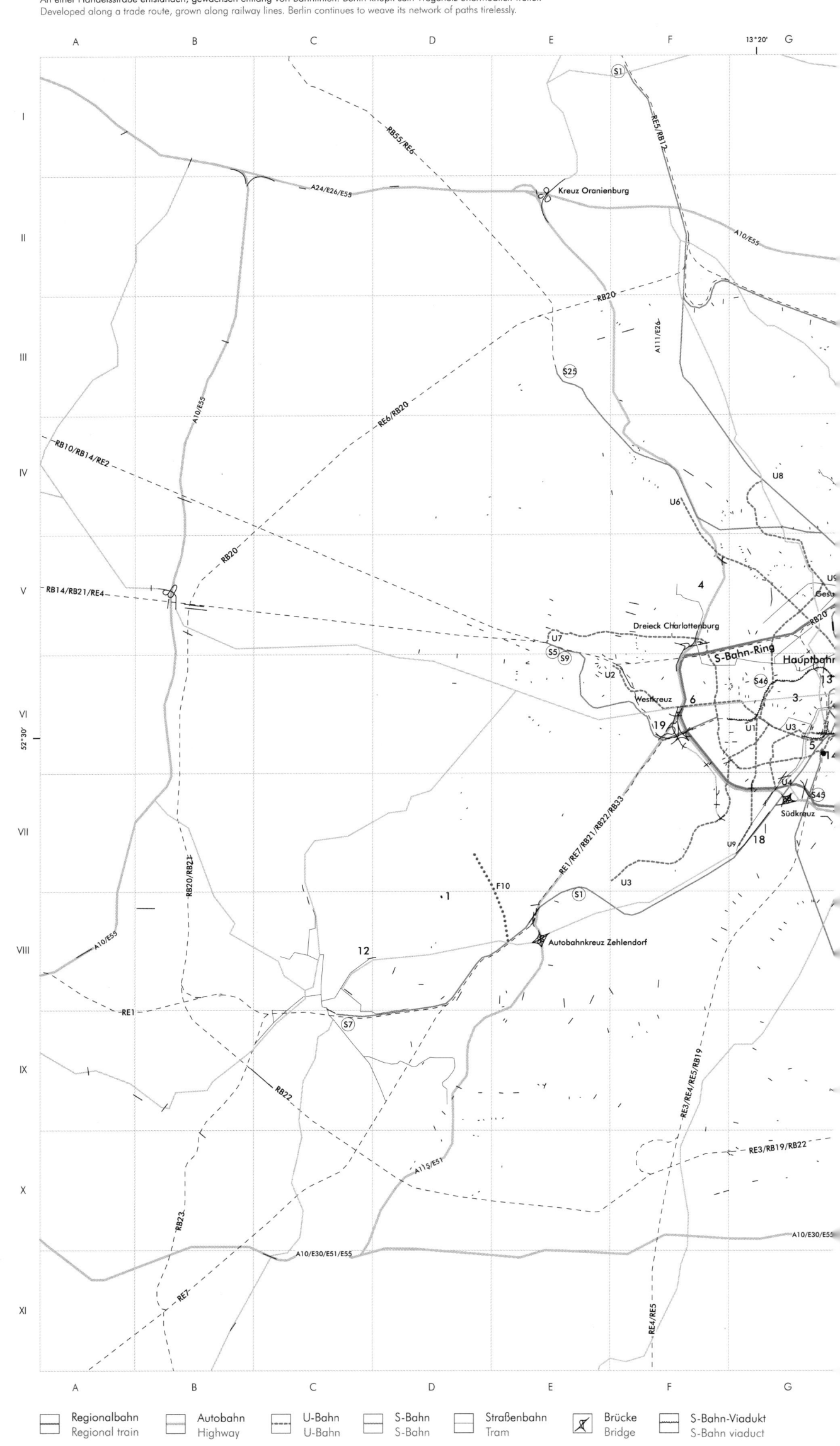

An einer Handelsstraße entstanden, gewachsen entlang von Bahnlinien. Berlin knüpft sein Wegenetz unermüdlich weiter.
Developed along a trade route, grown along railway lines. Berlin continues to weave its network of paths tirelessly.

Kreuz Oranienburg

Dreieck Charlottenburg

S-Bahn-Ring

Hauptbahn

Westkreuz

Südkreuz

Autobahnkreuz Zehlendorf

Regionalbahn
Regional train

Autobahn
Highway

U-Bahn
U-Bahn

S-Bahn
S-Bahn

Straßenbahn
Tram

Brücke
Bridge

S-Bahn-Viadukt
S-Bahn viaduct

7 Kanalbrücke Eberswalde

KÜNSTLICHE GEWÄSSER
ARTIFICIAL BODIES OF WATER

1900   1908–1977   1977–2020

500 m

Schönerlinder Teiche (#41), angelegt als Infrastruktur zur Verrieselung von Abwässern, bis 1977 Fisch- und Entenzucht, heute ein Naturschutzgebiet
Schönerlinder ponds (#41), designed as an infrastructure for the drainage of waste water, used for fish and duck breeding until 1977, today a nature reserve

Berlin hat trotz oder gerade wegen des bereits existierenden Reichtums an Wasserwegen eine Vielzahl an Verbindungskanälen und anderen künstlichen Gewässern erstellt. Insbesondere ab dem 19. Jahrhundert bis in die frühe Gründerzeit werden mehr und mehr Kanalprojekte für den Warenverkehr in der Stadt gebaut. Ähnlich dem Hobrechtplan wurde so auch die natürliche Umgebung Berlins immer mehr zu einer menschengemachten Stadtmaschine umgeformt, so dass heute gefühlt fast die Hälfte der Wasserwege nicht natürlichen Ursprungs ist.

Fast das gesamte Baumaterial für die Mietskasernen, die während des explosionsartigen Wachstums der Stadt in der frühen industriellen Phase entstanden, ist über die Kanäle in die neuen Siedlungsgebiete geschafft worden. Berlin ist „aus dem Kahn gebaut". Das Engelbecken, ein vormals repräsentativer Binnenhafen, der heute durch Zuschüttung des Luisenstädtischen Kanals in eine Parkanlage eingebunden ist, steht stellvertretend für die städtebauliche Bedeutung der Wasserstraßen. Das Paul-Lincke-Ufer am Landwehrkanal, ursprünglich alles andere als eine erstklassige Lage, gehört mittlerweile zu den beliebtesten Wohnlagen der Stadt – ein infrastruktureller Raum verwandelte sich zu einem attraktiven Wohngebiet mit hoher Lebensqualität. Andere künstliche Gewässer wie z. B. die Baggerseen im Nordosten Berlins sind Nebenprodukte der Stadt. Sie sind als Folge des Kiesabtrags für den Bau der Großsiedlungen geschaffen worden.

Eine Taxonomie der existierenden „gebauten Gewässer" offenbart einen alles durchdringenden planerischen Pragmatismus, Raum wurde effizient erschlossen. In ihrer Form ähneln die meist geraden Kanäle weniger dem Verlauf natürlicher Wasserwege. Sie konnten nur teilweise die Verläufe kleiner Fließe nutzten, die bis dahin unbebaut geblieben waren, und erscheinen sonst häufig als konstruierte Wasserstraßen, deren Verlauf sich geradlinig oder mit kontrollierten Radien in die vorhandene Landschaft oder das Siedlungsgefüge eingliedern musste.

Aber die Kanäle als Lebenswelt bieten mittlerweile einen primär atmosphärischen und weniger logistischen Wert, so wie der inzwischen jeden Sommer durch Schlauchboote guerillahaft zurückeroberte Landwehrkanal oder das geplante Flussbad an der Museumsinsel, das diesen Paradigmenwechsel exemplarisch verkörpert. In einem weiteren Akt des Umbaus dieser Infrastrukturen erscheint die aktuelle Rückeroberung der bewohnten Wasserkante als Lebensraum auch als ein Schritt, der in historischen Beispielen bereits zu speziellen Siedlungstypologien geführt hat. Als Rückzugsräume für Sport und Erholung sowie als klimatischer Faktor zur Kühlung der Stadt haben diese komplementären Stadtelemente heute längst eine neue Daseinsberechtigung gefunden.

Berlin has built a large number of connecting canals and other artificial bodies of water, despite or perhaps because of the already existing wealth of waterways. From the 19th century until the early Wilhelminian period in particular, more and more marine connections were planned and commissioned to allow the rapid movement of goods in the city. Similar to the Hobrecht Plan, Berlin's environment was increasingly transformed by growth and industrialization, and today almost half of the waterways are man-made.

Many of the building materials for the construction of the tenements known as the "Berliner Blockrand" during the city's explosive growth in the early industrial phase were transported via canals to the new settlement areas. Berlin was "built from the barge." The Engelbecken is representative of the effect the development of the waterways still has on the city structure: it was built as a decorative element, and since the construction of the wall and the subsequent backfilling of the rest of Luisenstädtischer canal it is now integrated into a park. The Paul-Lincke-Ufer on Landwehrkanal, originally a rather unsavory district, has become one of the city's most popular residential neighborhoods—an infrastructural zone that was transformed into an attractive housing area with a significantly higher quality of life. Other artificial bodies of water, such as the quarry ponds and flooded gravel-pits in the east of Berlin, are by-products of the city, created from the removal of gravel used to build large housing estates. Similarly, old sewage treatment facilities have been partly renaturalized.

A taxonomy of the existing "built waters" reveals a pervasive sense of a pragmatism in planning. Space was efficiently developed with little regard to design or atmosphere. In their form, the mostly straight canals differ visually from natural waterways. Small riverbeds that hadn't been developed were occasionally used as guides, but the canals are unmistakably man-made waterways whose course had to be integrated into the existing landscape or settlement structure while remaining straight or with controlled radii.

In present day Berlin, the constructed arteries are being rediscovered as a living environment more dependent on atmospherics than logistics. This can be seen, for instance, in an envisioned river-swimming area on Museum Island or the Landwehr Canal, which is now reconquered every summer by rubber dinghies in guerrilla fashion. The current reconquest of these inhabited river and canal edges as a habitat can also draw from historical examples of Berlin's legacy as a city born on the water. These complementary urban elements have long since found a new raison d'être as retreats for sports and recreation and as a means of cooling the city in response to the threat of seasonal overheating in times of climate change.

1. Hafersteiggraben 2. Börner See 3. Schilfteich 4. Steglitzer Hafen 5. Engelbecken 6. Herthasee 7. Kietzer Graben 8. Hafen Tempelhof 9. Hafen Britz-Ost 10. Aradosee 11. Königssee 12. Kiessee 13. Oberhafen 14. Unterhafen 15. Karpfenteich 16. Teufelsseekanal 17. Aalemannkanal 18. Maselake-Kanal Nordhafen 19. Nordhafen 20. Hubertussee 21. Dianasee 22. Urbanhafen 23. Humboldthafen 24. Obersee 25. Laßzinssee 26. Großer Spektesee 27. Jungfernheideteich 28. Biesdorfer Baggersee 29. Zehlendorfer Stichkanal 30. Katzwinkel 31. Neuer See 32. Prinz-Friedrich-Leopold-Kanal (Griebnitzkanal) 33. Nudower Teiche 34. Karpfenteiche 35. Nymphensee 36. Germendorfer Waldsee 37. Karpfensee 38. Neu-Venedig 39. Seen im Britzer Garten 40. Bernsteinsee 41. Schönerlinder Teiche 42. Kiessee Arkenberge 43. Karower Teiche 44. Flutgraben 45. Flughafensee 46. Westhafen 47. Spektesee 48. Kaulsdorfer Seen 49. Charlottenburger Verbindungskanal 50. Britzer Verbindungskanal 51. Westhafenkanal 52. Gosener Kanal 53. Veltener Stichkanal 54. Alt Berliner-Spandauer Schifffahrtskanal 55. Mühlensee 56. Neuköllner Schifffahrtskanal 57. Nauen-Paretzer Kanal 58. Oranienburger Kanal 59. Zülowkanal 60. Sacrow-Paretzer Kanal 61. Berlin-Spandauer Schifffahrtskanal 62. Landwehrkanal 63. Nordgraben 64. Nottekanal 65. Oder-Spree-Kanal 66. Teltowkanal 67. Havelkanal

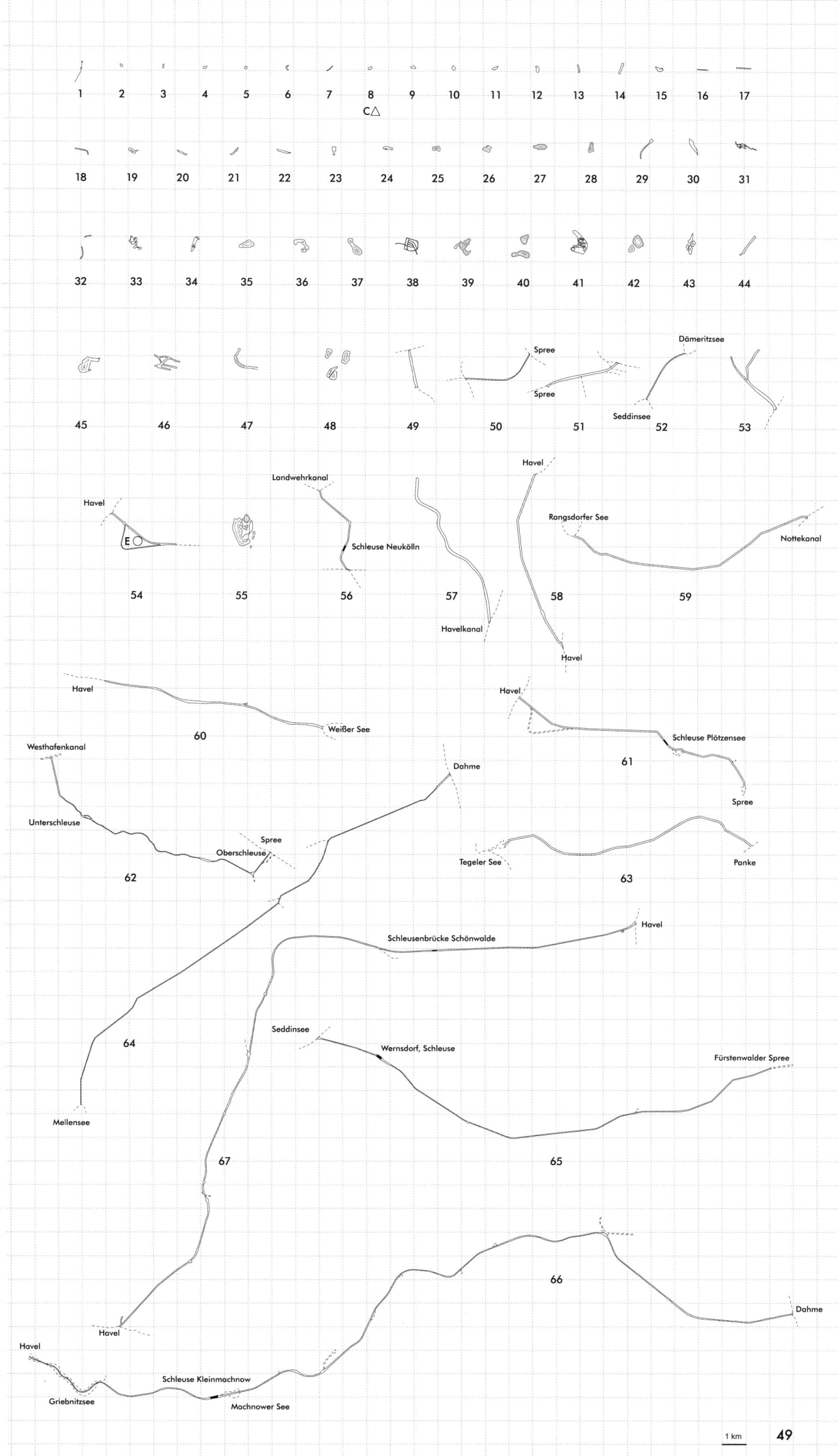

1   2   3   4   5   6   7   8   9   10   11   12   13   14   15   16   17

C△

18   19   20   21   22   23   24   25   26   27   28   29   30   31

32   33   34   35   36   37   38   39   40   41   42   43   44

45   46   47   48   49   50   51   52   53

Spree

Dämeritzsee

Spree

Seddinsee

Havel

Landwehrkanal

Rangsdorfer See

Havel

Nottekanal

Havel

Schleuse Neukölln

54   55   56   57   58   59

E

Havelkanal

Havel

Havel

Havel

Schleuse Plötzensee

Weißer See

61

Havel

60

Dahme

Spree

Westhafenkanal

Spree

Tegeler See

Panke

Unterschleuse

Oberschleuse

62   63

Schleusenbrücke Schönwalde

Havel

Seddinsee

Wernsdorf, Schleuse

Fürstenwalder Spree

64

Mellensee

67   65

66   Dahme

Havel

Havel

Schleuse Kleinmachnow

Griebnitzsee   Machnower See

1 km   49

Von Kanälen durchstoßen und mit künstlichen Gewässern übersät, mit Berlin wächst auch seine Wasserlandschaft.
Pierced by canals and littered with artificial bodies of water, Berlin's landscape of water grows in step with the city.

13°20'

36
58 Oranienburger Kanal
Oder-Havel-Kanal
2
55
40
37

53

Rie
Sch
12

Rieselfelder
Wansdorf
Großer Havelländischer Hauptkanal
67
25
57
63
32
16 Teufelsseekanal
17
45
18
Berlin-Spandauer Schifffahrts
61
54
27
51
19
46 Westhafen
47
26
49
31 15
VI
62 Landwehrkanal
11 6
Rieselfelder
Karolinenhöhe
21   20
Regenw
Paretzer Erdlöcher
60
4
66 Teltowkanal
29
32 Griebnitzkanal
Rieselfelder
Osdorf
10
Rieselfelder
Sputendorf
Rieselfelder
Großbeeren
33

52°30'

A   B   C   D   E   F   G

Künstliches Gewässer
Artificial body of water

Rieselfeld (historisch)
Sewage farm (historical)

Rieselfelder
Hobrechtsfelde

41

42

Rieselfelder
Buch

elfelder
kenfelde

S

43

34

Rieselfelder
Malchow

Falkenberger
Rieselfelder

24

Rieselfelder
Hellersdorf

oldthafen

E ☐

5

Luisenstädtischer Kanal
1848 -1926

22   44

56

15

en Tempelhof

14

13

9

50 Britzer Verbindungskanal

en Tempelhof

7 Kietzer Graben

39

1
3

28

48

Rieselfelder
Münchehofe

38 Neu-Venedig

52
Gosener Kanal

Rieselfelder
Waßmannsdorf

65 Oder-Spree-Kanal

Rieselfelder
Deutsch Wusterhausen

64

59

UMMAUERUNGEN
WALLED ISLANDS

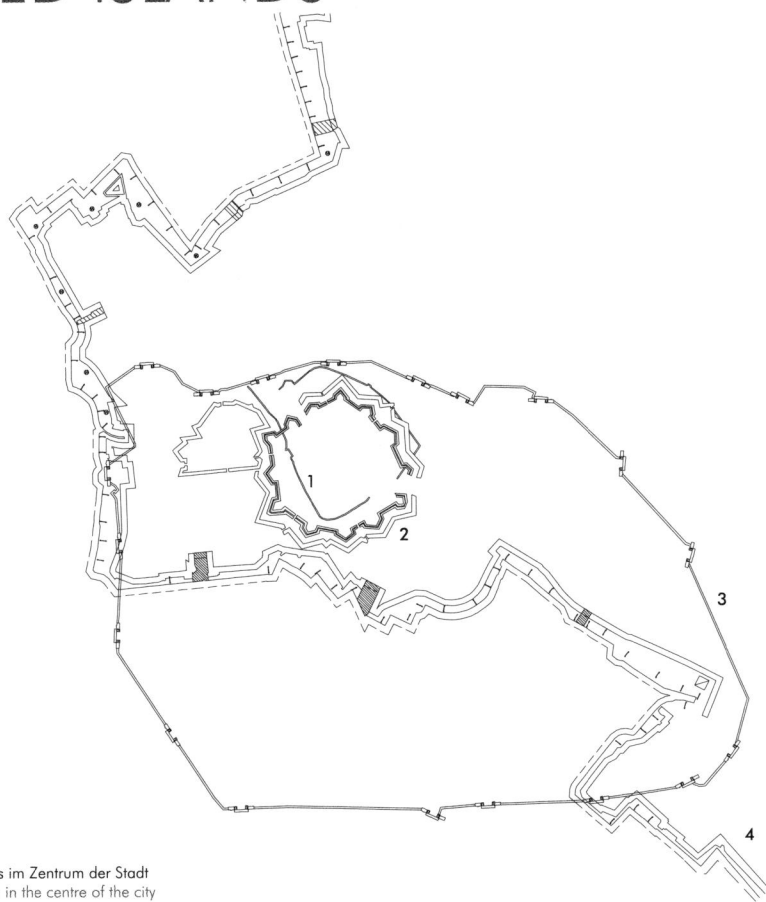

Die vier Mauern Berlins im Zentrum der Stadt
The four walls of Berlin in the centre of the city

Berlins Entwicklung als Handelsstützpunkt hat die Stadt schon früh auch zu einem militärisch bedeutenden Posten gemacht. Aus den slawischen Siedlungen, die mit in den Boden gerammten Eichenstämmen und Erdwällen verteidigt wurden, entwickelte sich eine Stadt, die in ihrem Wachstumsprozess die typischen Entwicklungsschritte der europäischen Stadt mitmachte. Dabei entledigte sich Berlin seiner verschiedenen Schutzschichten immer wieder nach kurzer Zeit, da das Städtewachstum in seiner Geschwindigkeit die militärischen Innovationen permanent überholte. Bereits Berlins erste Stadtmauer befand sich in ständiger Transformation, von einer Holzpfahlpalisade über die Ergänzung einer zwei Meter hohen Feldsteinmauer bis schließlich zu einer fünf Meter hohen Ziegelmauer.

Trotz späterer gigantischer Bauten hat sich Berlin in dieser Phase nie – wie geplant – verteidigen müssen. Die stolze Festung der Stadt (ab 1650) mit ihren Bastionen musste sich nie bewähren und wurde nach einem einzigen feindlichen Feldzug freiwillig aufgegeben und schrittweise abgetragen. Berlins dritte Stadtmauer hatte bereits keine militärische Bedeutung mehr, sondern diente dem Einbringen von Zoll und Verbrauchssteuern (Akzisemauer 1737-1870). Der Mauerverlauf und die damaligen Tore sind stadträumlich heute noch oft ablesbar, wie z. B. an der Torstraße im Norden, dem Schlesischen Tor und dem Halleschen Tor im Süden. In dieser Zeit rücken die punktuellen Verteidigungssysteme bis außerhalb vor die Stadt (z. B. Fort Hahneberg 1888), bleiben aber erneut ohne allzu große Bewandtnis. Die einzige wirkliche Schlacht um Berlin im Zweiten Weltkrieg (1945) hatte ganz andere Vorzeichen und hätte beinahe zur Auslöschung des gesamten gebauten Stadtkörpers geführt. Eine Folge der anschließenden Besatzungsmächte sollte Berlins vierte Mauer sein, die bekannteste und auch bei Weitem größte Anlage. Beispiellos in der Geschichte trennte die „Berliner Mauer" von 1961 bis 1989 mehr als nur eine Stadt. Die Berliner Mauer machte West-Berlin stärker als jede Mauer zuvor zu einer Inselstadt. Diese Extremsituation machte den Westteil der Stadt unfreiwillig zu einem Labor städtebaulicher Experimente. Manche davon sind heute noch spürbar, so z. B. das wertvolle Erbe einer sinnvollen Dichte und einer klar definierten Umrandung.

Auch Berlins heutige Entwicklung stellt wieder die Frage nach Grenze und Grenzraum: Wo fängt die Stadt an, wo hört sie auf? Die Chance unserer Zeit, die teilweise extrem definierten Brüche von Stadtkörper und Landschaft nicht überall durch Siedlungsgebiete zu verwässern, scheint historisch.

Berlin's development as a trading base made the city an important military outpost at an early stage in its growth. From the Slavic settlements, which were defended with earthen walls and oak trunks rammed into the ground, the city followed the typical path of European cities, building protective walls and huge military estates around its core. Berlin repeatedly shed its various layers of protection after a short period of use, as the pace of urban growth rapidly overtook the utility of military innovations. Berlin's first city wall was already in constant transformation, from a wooden pile palisade to the addition of a two-meter-high fieldstone wall and finally to a five-meter-high brick barrier.

Berlin never had to defend itself during this phase, as planned by its builders. The proud fortress of the city (from 1650) with its bastions never had to prove itself and was voluntarily abandoned and gradually demolished after a single enemy campaign. Berlin's third city wall was developed not for military reasons, but rather as a means of collecting customs and excise duties (Berlin Customs Wall 1737-1870). The wall and gates ("Tor") of that time remain visible in the city's form and toponymy, for example at Torstraße in the north and Schlesisches Tor and Hallesches Tor in the south. During this time, the defense systems moved outside the city (e.g. Fort Hahneberg 1888), but again didn't get much notice. The only battle to truly leave its mark on Berlin came in the final weeks of World War II, which destroyed almost the entire building stock of the city center. One consequence of the subsequent occupation by the victorious powers was the construction of Berlin's fourth wall, the most famous and by far the largest. Unprecedented in history, the "Berlin Wall" that stood from 1961 to 1989 did more than simply divide the city. The Berlin Wall, stronger than any of its predecessors, made West Berlin an island. This extreme situation involuntarily turned West Berlin into a laboratory for urban planning experiments. Some of these can still be felt today, such as the valuable legacy of meaningful density toward the center and a clearly defined perimeter.

Berlin's current development and growth into Brandenburg again raises the question of borders and border areas: where does the city begin and where does it end? Berlin's unique history has left us the chance to avoid the endless sprawl seen in cities such as Paris, London, or Los Angeles, and embrace a model of a compact inner city encircled by a well-defined green border for housing, recreation and respiration.

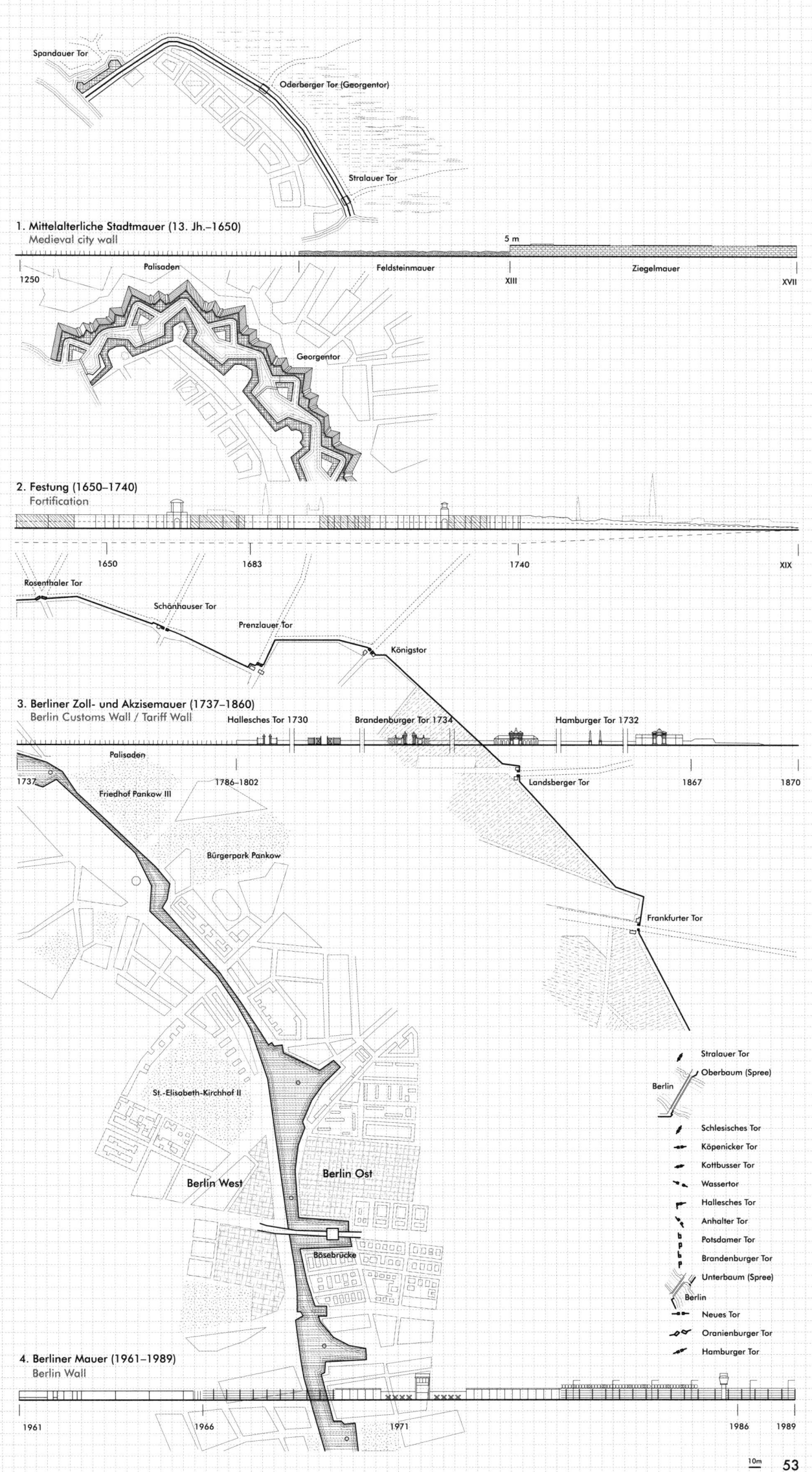

Spandauer Tor

Oderberger Tor (Georgentor)

Stralauer Tor

1. Mittelalterliche Stadtmauer (13. Jh.–1650)
Medieval city wall

5 m

1250	Palisaden	Feldsteinmauer	Ziegelmauer
		XIII	XVII

Georgentor

2. Festung (1650–1740)
Fortification

1650   1683   1740   XIX

Rosenthaler Tor

Schönhauser Tor

Prenzlauer Tor

Königstor

3. Berliner Zoll- und Akzisemauer (1737–1860)
Berlin Customs Wall / Tariff Wall

Hallesches Tor 1730   Brandenburger Tor 1734   Hamburger Tor 1732

Palisaden

1737   1786–1802   Landsberger Tor   1867   1870

Friedhof Pankow III

Bürgerpark Pankow

Frankfurter Tor

St.-Elisabeth-Kirchhof II

Berlin West   **Berlin Ost**

Bösebrücke

4. Berliner Mauer (1961–1989)
Berlin Wall

1961   1966   1971   1986   1989

Stralauer Tor
Oberbaum (Spree)

Berlin

Schlesisches Tor
Köpenicker Tor
Kottbusser Tor
Wassertor
Hallesches Tor
Anhalter Tor
Potsdamer Tor
Brandenburger Tor
Unterbaum (Spree)
Berlin
Neues Tor
Oranienburger Tor
Hamburger Tor

10m

Vier historische Mauern definierten Berlin und sein Wachstum, nur heute expandiert die Stadt ohne Form ins Umland.
Four historical walls defined Berlin and its growth, only today the city is expanding without form into its surrounding.

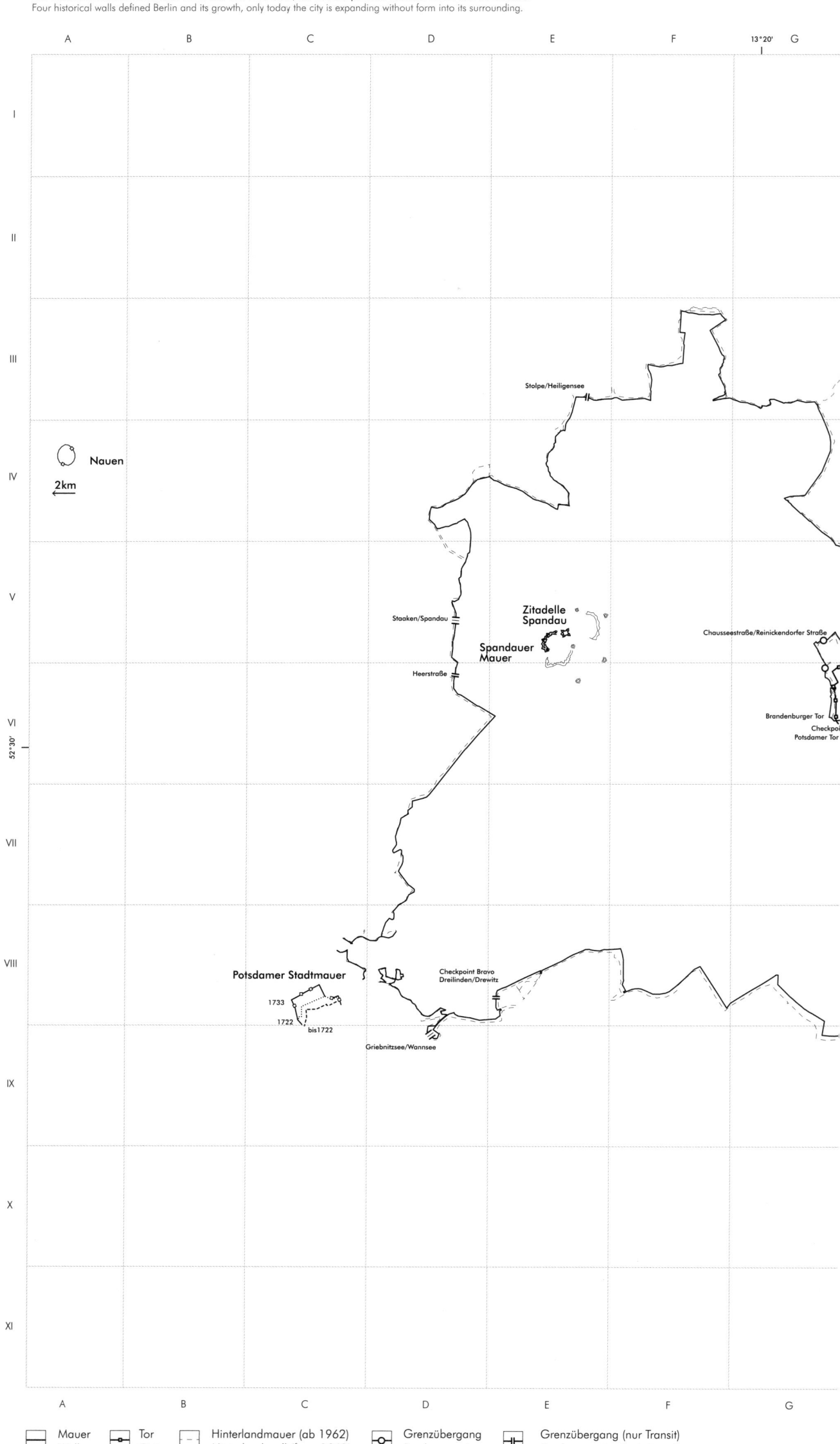

Nauen

2km

Stolpe/Heiligensee

Staaken/Spandau

Zitadelle
Spandau

Spandauer
Mauer

Heerstraße

Chausseestraße/Reinickendorfer Straße

Brandenburger Tor

Checkpoi
Potsdamer Tor

Potsdamer Stadtmauer

1733
1722   bis1722

Checkpoint Bravo
Dreilinden/Drewitz

Griebnitzsee/Wannsee

13°20'

52°30'

Mauer
Wall

Tor
Gate

Hinterlandmauer (ab 1962)
Hinterland wall (from 1962)

Grenzübergang
Border crossing

Grenzübergang (nur Transit)
Border crossing (only transit)

E

H   I   J   K   L   M   N

Bernau bei Berlin F △

Berliner Tor

Strausberg
F △

Altlandsberg

Bornholmer Straße/Bösebrücke

1 Stadtmauer

2 Festung

3 Akzisemauer

Kottbusser Tor

4 Berliner Mauer

Sonnenallee

Köpenick F △

Waltersdorfer Chausee

Mittenwalde

I
II
III
IV
V
VI
VII
VIII
IX
X
XI

Grenzübergang (nur Bahntransit)
Border crossing (only train transit)

M 1:200.000

5 km   10 km

SIEDLUNGSFLÄCHE
CITY EXPANSES

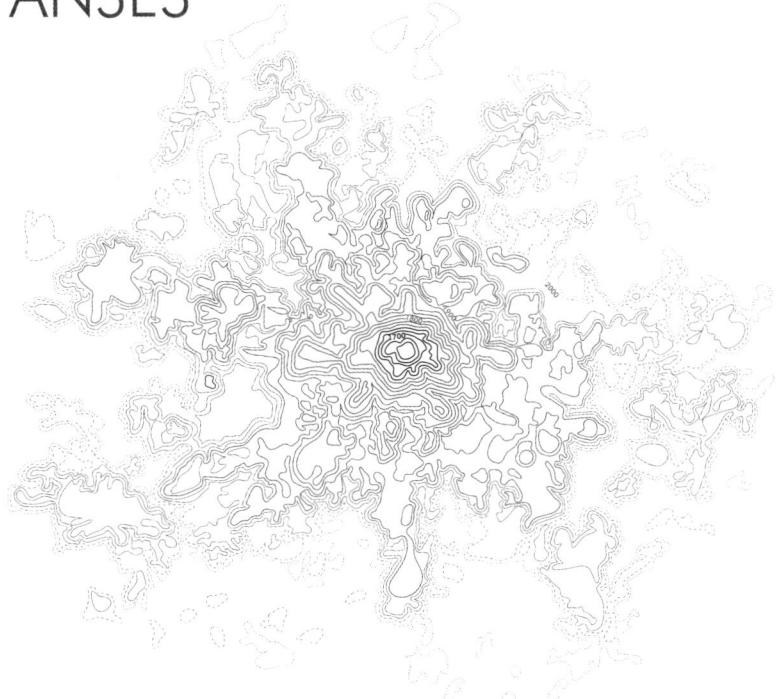

Wachstumsringe des Metropolraums Berlin (alle 20 Jahre)
Growth rings of the Berlin metropolitan area (every 20 years)

Fast wie die Jahresringe eines Baumes geben auch die Wachstumsringe Berlins Aufschluss über grundverschiedene Phasen der Flächenexpansion der Siedlungsfläche. Wachstum, Stillstand oder sogar Schrumpfung prägten die Stadt und sind als wiederkehrende Phänomene auch für die Zukunft Berlins relevant. Einzelne Wachstumsphasen geschahen dosiert und geplant, wie die barocken Stadterweiterungen um 1730, andere äußerten sich in wilder gewachsenen Vorstädten, so wie in der Rosenthaler und Spandauer Vorstadt. Doch zum Ende des 19. Jahrhunderts schließlich expandierte Berlin scheinbar unaufhaltsam in seinen Umraum, die Siedlungsfläche gehörte zeitweise zu den größten der Welt. Im Gegensatz zur politisch verhandelten Erweiterung der Stadtgrenze erfolgte das Flächenwachstum graduell und weitestgehend bedarfsgesteuert. 1920 war Berlin mit fünf Millionen die drittbevölkerungsreichste Stadt der Welt.

Es folgte das Trauma des Zweiten Weltkriegs. Die Schlacht um Berlin mit vernichtendem Häuserkampf hinterlässt einen porösen Siedlungskörper, der sich über Jahrzehnte nur langsam wieder füllt, an den Rändern nur gemächlich wächst. Bis in das frühe 21. Jahrhundert hat Berlin deswegen das Potenzial für Bauland in den eigenen Wunden gefunden. Die Füllung von Baulücken und Entwicklung ganzer Areale wurde gerade im letzten Jahrzehnt so stark vorangetrieben, dass die Ressource der Resträume heute langsam versiegt.

Noch bis in die Mitte der 2010er-Jahre ging der Berliner Senat davon aus, Berlins Bevölkerungszahl würde schrumpfen. Siedlungen wurden veräußert und Bauland zu niedrigsten Preisen verkauft. Rückblickend muss man heute sagen: Nichts liegt der Realität von 2020 ferner. Heute suchen junge Paare Bauflächen bereits in einem 100-Kilometer-Radius um Berlin, weil innerstädtische Optionen zunehmend unbezahlbar werden. Die mit Brandenburg geplante Fusion der beiden Bundesländer ist unter anderem an der hohen Verschuldung Berlins gescheitert. So stehen die beiden legislativen Körper in Konkurrenz zueinander, und es fehlte lange an einer gemeinsamen, bindenden Planungsvision für Wachstum.

Die Zeichen scheinen ähnlich zur Situation der 1920er-Jahre zu stehen, als die noch „auf dem Land" liegenden stadtnahen Dörfer oder Siedlungskörper zu Stadtteilen Berlins wurden. Aber vielleicht kann dieser nächste Wachstumsschub nicht eine einfache Expansion des Innenstadt-Modells sein. Ein aufmerksamer Blick auf den Berliner Grenzraum lässt bereits die Ausgangspunkte des Möglichen erkennen: differenzierte und abwechslungsreiche Garten- und Parkstädte, die dichte, aber auch thematische und nachhaltige Stadtviertel mit eigenen Identitäten erlauben. Das scheint untrennbar verbunden mit der Frage, ob auf das Flächenwachstum des Berliner Siedlungssterns erneut ein Weiterdenken der Stadtgrenze folgt.

Almost like the annual rings of a tree, Berlin's growth rings provide information about the fundamentally different phases of its development. Growth, stagnation, and even shrinkage have shaped the city and, as recurring phenomena, are also relevant to Berlin's future. Individual phases of development were executed in a dosed and planned manner, such as the baroque city expansions around 1730, while others manifested themselves as wilder suburbs, as in the "Rosenthaler and Spandauer Vorstadt." At the end of the 19th century, Berlin was one of the world's largest settled areas, and its expansion into its surroundings seemed unstoppable. In contrast to the politically negotiated extension of the city border, the growth of built area in space was gradual and largely demand-driven. In 1920, with 5 million inhabitants, Berlin was the third most populous city in the world.

What followed was the trauma of World War II. The Battle of Berlin, with its devastating urban warfare, left behind a porous body of settlements that took decades to fill up again, growing only slowly at the edges. Until the early 21st century, Berlin was able to find land needed for building in the scars left from the war. But so many gaps have been filled with so much development, especially in the last decade, that this reservoir of undeveloped land is slowly drying up.

Until the middle of the 2010s, the Berlin Senate assumed that Berlin's population would shrink. Settlements were sold off and building land was auctioned at low prices—a strategy that looks foolhardy from the perspective of 2020. Today, young couples are looking for building land within a 100 km radius of Berlin because inner-city options have become increasingly unaffordable. The planned merger of the two federal states Berlin and Brandenburg failed in 2005, in part because of Berlin's high level of debt. As a result, the governments of the two entities are to some extent in competition with each other and haven't been able to develop a common planning vision for the region.

The signs are similar to the situation in the 1920s, when surrounding villages or settled areas still "in the countryside" became districts of Berlin. But perhaps this next growth spurt won't be a simple expansion of the inner-city model. A close look at the Berlin border area shows the seeds of what is possible: differentiated and varied garden and park cities that allow dense but sustainable districts with individual, heterogenous identities. This hope seems to be inseparably linked to the question of whether the growth of the Berlin "Siedlungsstern," resembling the arms of a kraken, will also lead to a new political mindset about the city limits and their planning paradigms.

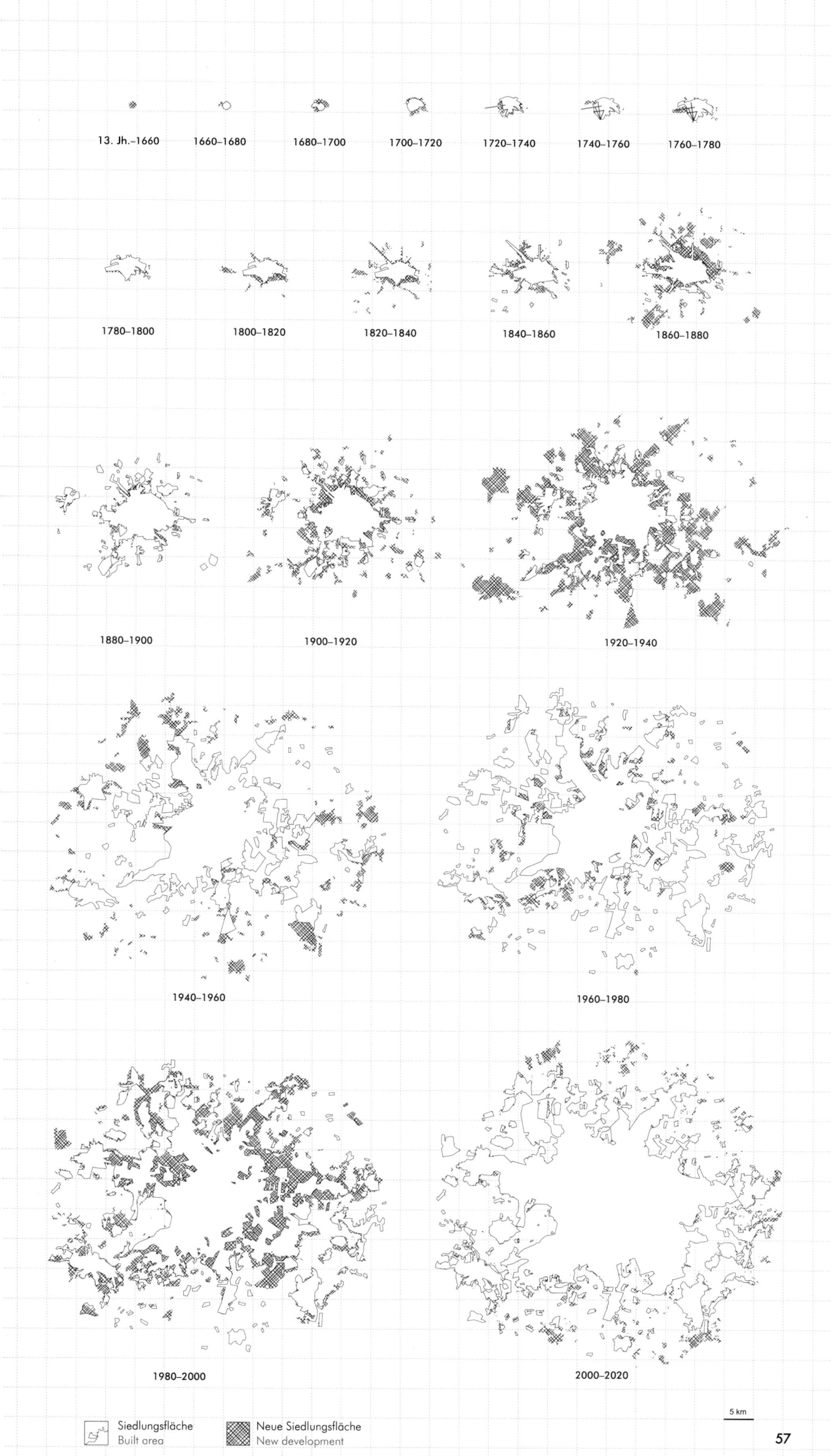

13. Jh.–1660   1660–1680   1680–1700   1700–1720   1720–1740   1740–1760   1760–1780

1780–1800   1800–1820   1820–1840   1840–1860   1860–1880

1880–1900   1900–1920   1920–1940

1940–1960   1960–1980

1980–2000   2000–2020

5 km

Siedlungsfläche
Built area

Neue Siedlungsfläche
New development

57

Berlins Siedlungsfläche wächst unbeständig, je nach historischer Saison. Heute beinah so schnell wie vor 100 Jahren.
Berlin's settlement area is growing with different intensity, depending on the historical season. Today almost as fast as 100 years ago.

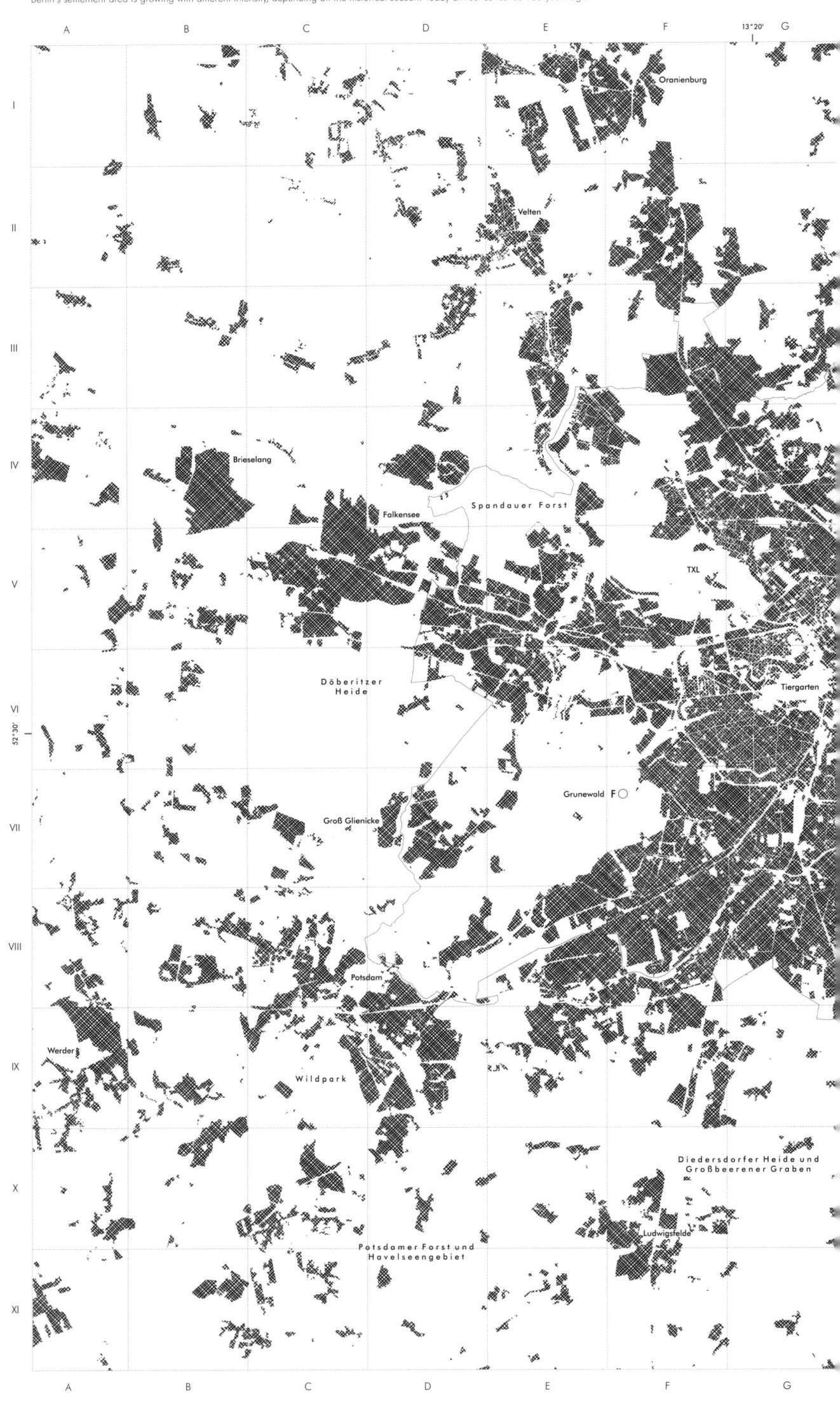

Siedlungsfläche
Built area

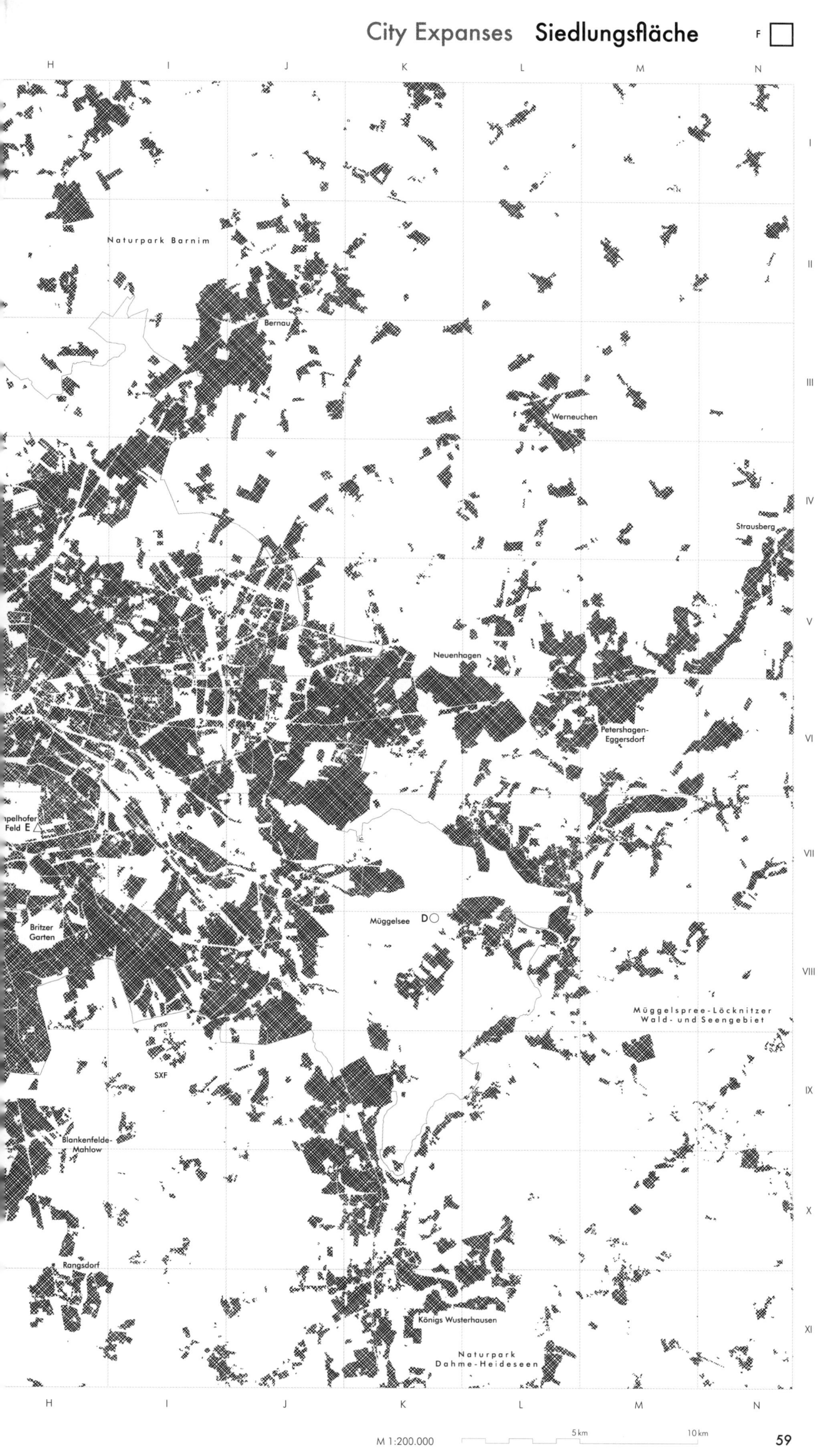

Naturpark Barnim

Bernau

Werneuchen

Strausberg

Neuenhagen

Petershagen-
Eggersdorf

mpelhofer
Feld E

Britzer
Garten

Müggelsee   D○

Müggelspree-Löcknitzer
Wald- und Seengebiet

SXF

Blankenfelde-
Mahlow

Rangsdorf

Königs Wusterhausen

Naturpark
Dahme-Heideseen

M 1:200.000   5 km   10 km

RECHTSLANDSCHAFTEN
LEGISLATIVE PLATEAUS

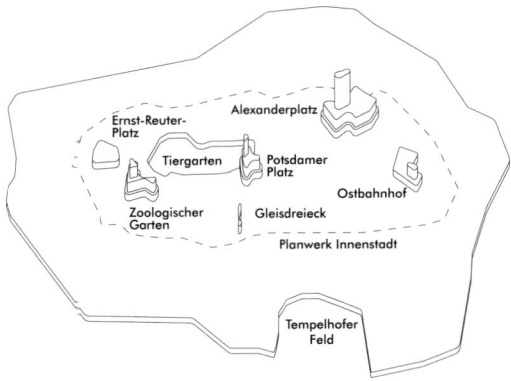

Berlin als Scholle mit polyzentralen Hochpunkten, innerhalb des S-Bahn-Rings
Berlin as a horizontal slab with polycentric high points, within the S-Bahn ring

Der Horizont über Berlin liegt auf 22 Metern. Bedingt durch die damaligen technischen Möglichkeiten der Feuerwehr, an brennende Häuser anzuleitern, entstehen ab 1870 ganze Stadtviertel mit per Bauordnung geregelter homogen nivellierter Traufhöhe. Zwischen diesen horizontalen Schollen ragen nur vereinzelte Hochpunkte heraus: Kirchtürme, repräsentative Bauten und die Obelisken gleichenden Schornsteine der Industrialisierung.

Berlins Höhenentwicklung war von Anfang an polyzentrisch, die wenigen Hochpunkte liegen schon in der barocken Stadt in der Stadtfläche verteilt. Über Hunderte Jahre war das Baurecht eng verbunden mit persönlichen Wünschen und Projekten des Königs oder der höfischen Elite. Die Möglichkeiten der Bürgerschaft, durch Bauprojekte Sichtbarkeit und Repräsentanz auszudrücken, gewannen nur langsam an Bedeutung, denn private Akteure waren für den Aufbau der Stadt noch nicht maßgeblich. Unter den Linden steht stellvertretend für ein Wetteifern der Stadtakteure um Sichtbarkeit. Vertikal markante bauliche Akzente wie die Domkuppeln des Gendarmenmarktes (1785), das Stadtschloss (Kuppelbau 1853) und schließlich der Turm des Roten Rathauses (1871) bezeugen solch einen Wettbewerb um Höhe. Doch mit Beginn der Industrialisierung und verstärkt ab den 1910er-Jahren werden auch vereinzelte profane Häuser höher gedacht: Kaufhäuser, platzbetonende Hochpunkte oder industrielle Bauwerke überragen nun immer häufiger den 22-Meter-Horizont.

Mit der Zäsur des Zweiten Weltkriegs stellen sich die schollenartigen Blöcke der Stadtviertel porös dar, auch Bebauungshöhen folgen jetzt immer häufiger neuen politischen Idealen. In der Außenstadt entstehen neben den zu erwartenden weniger dichten Bebauungsteppichen auch großmaßstäbliche Siedlungen in oft ungekannten Wohnhöhen. Die Höhenentwicklung generell ist im geteilten Berlin ab 1950 politisch motiviert und oft von einem ideologischen Sendungsbewusstsein angetrieben. Nicht nur bilden sich im Westen um den Zoologischen Garten und im Osten um den Alexanderplatz herum jeweils eigene Fokuspunkte. Oft werden auch wichtige Projekte bewusst sichtbar (also auch hoch) in Grenznähe positioniert, sei es nun das HKW oder die Wohnscheiben der Leipziger Straße. Im wiedervereinigten Berlin der 2000er-Jahre wird Bauhöhe zunehmend als rares Gut zwischen demokratischen Vertretern und privaten Investoren verhandelt. Oft werden durch spezifisch geschaffenes Baurecht Sondersituationen geschaffen, z. B. durch Mantelflächen von projektierten Volumetrien, die anschließend baulich gefüllt werden.

In dem vorstädtischen Flächenteppich jedoch, der sich fast komplett nach der Einfügungsklausel aus § 34 BauGB fortschreibt, fehlen dieses Verhandeln und die öffentliche Debatte um Leuchtturmprojekte sowie der damit verbundene politische Wille zumeist. Diesem überholten Planungsmodell der „Satellitenstadt" sollte daher eine spezifische Deregulation oder flexible Neudefinition der Bebauungsgesetze in der Berliner Umstadt folgen: Statt des immer gleichen Teppichs an unternutzten und energetisch sowie verkehrstechnisch ineffizienten Vorstädten sollte das Ideal in neuen, herausfordernden Synergieregeln aus dichtem Wohnungsbau und vielfältigen Naturoasen bestehen.

The horizon over much of Berlin is exactly 22 meters high. Due to the technical limitations of fire brigades when the city was expanding rapidly, entire districts were planned with stringent height restrictions from 1870 onward. Only isolated high points protrude from these horizontal slabs: church towers, representative buildings and factory chimneys resembling ancient obelisks.

Berlin's skyline developed polycentrically. From the very beginning, the few high points were distributed throughout the city. For hundreds of years, the right to build was closely linked to the personal wishes and projects of the king or the courtly elite. Opportunities for citizens to express themselves visibly through building projects were limited as private entities had only a small role in the construction of the city. "Unter den Linden" is representative of the competition between urban actors for visibility. Vertically striking architectural accents such as the cathedral domes of the Gendarmenmarkt (1785), the Stadtschloss (dome building 1853), and finally the tower of the Rotes Rathaus (1871) illustrate the competition for height. However, with the beginning of industrialization and increasingly from the early part of the 20th century, some isolated secular buildings were allowed to exceed the 22-meter limit: department stores, high points that emphasize a square, or industrial buildings.

The destruction of World War II left gaping holes in the once nearly immutable city structure of vast blocks of buildings developed in the 19th century, and even the heights of buildings now increasingly started to follow other political ideals. In the outer city, less dense carpets of buildings sprang up, and large settlements like the "Gropius Stadt" were constructed at previously unseen residential heights. In divided Berlin from 1950 onward, regulations on building heights were politically motivated and often driven by an ideological sense of mission. There were rival focal points, in the west around the Zoologischer Garten and in the east around Alexanderplatz. Important projects were often deliberately positioned in visible locations near the border, for instance the HKW in Tiergarten and the residential towers of Leipziger Strasse. In the reunified Berlin of the 2000s, building heights are increasingly being negotiated between democratic representatives and private investors as a commodity that can yield substantial profits. This has spawned an overlay of specifically crafted building laws, "Vorhabenbezogene Bebauungspläne," that allow special treatment and exceptions for those who have political power or develop projects of critical size.

Suburban areas, by contrast, are ruled by imprecise zoning laws that officials are reluctant to adapt to specific situations. Instead, they rely on a building code called § 34 BauGB, which takes into account only the existing city structure to decide on further development—spawning a potential plague of monotonous planning and architecture.

Public debate over prominent projects in the center has sapped the political will for reform or installing new legislative ideas on the fringes of Berlin. This outdated planning model of sprawl should therefore be replaced by conscious deregulation of the development laws in the Berlin border region and the adjacent Brandenburg counties: instead of the same carpet of underutilized and inefficient suburbs, the ideal settlement models should consist of new, challenging synergy rules of dense housing construction and diverse natural oases.

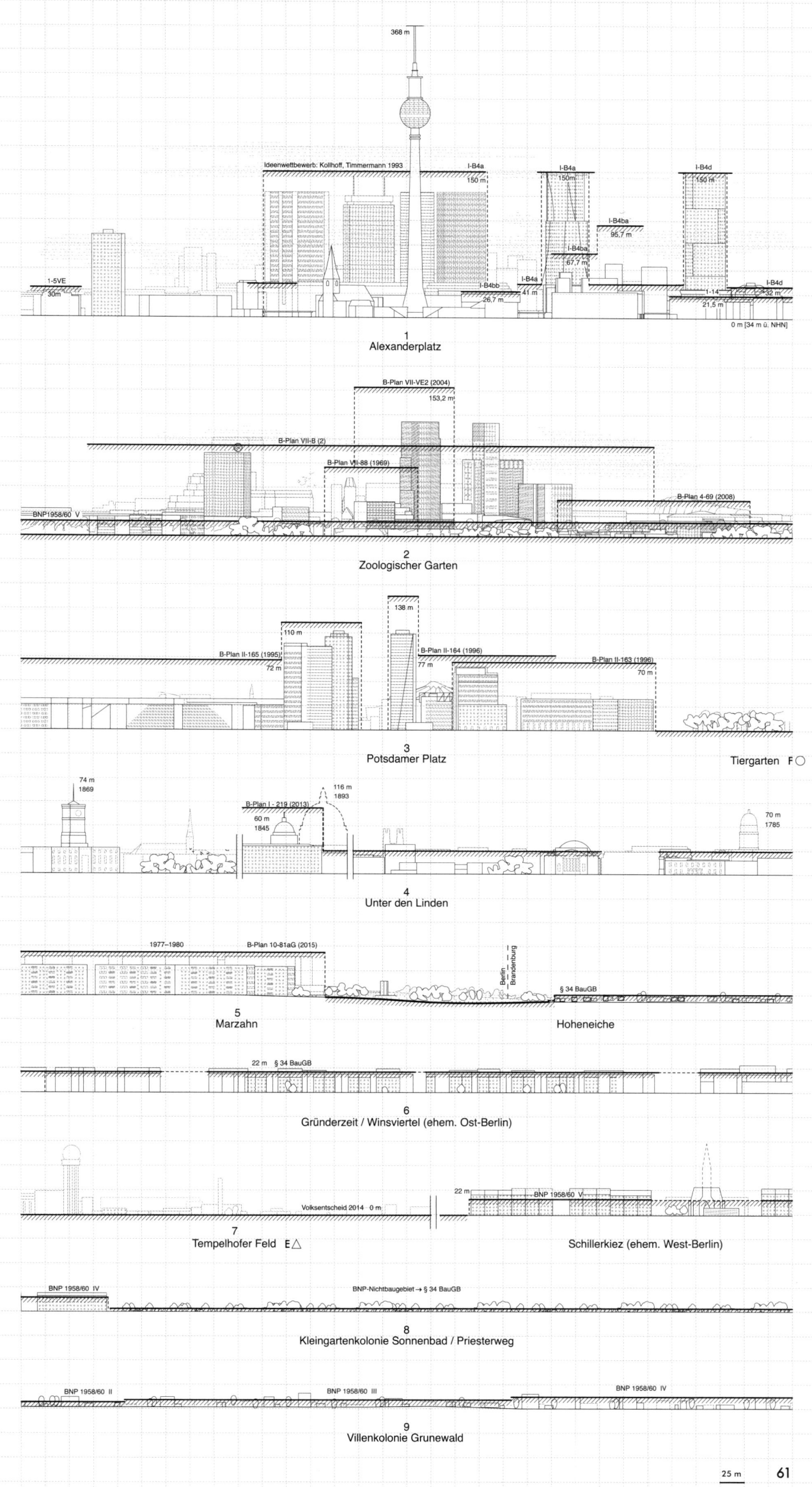

368 m

Ideenwettbewerb: Kollhoff, Timmermann 1993   I-B4a

I-B4a   I-B4a   I-B4d

150 m

150m   150 m

I-B4ba
95,7 m

I-B4ba
67,7 m

1-5VE   I-B4a   I-B4bb   I-B4a   I-14   I-B4d
30m   26,7 m   41 m   21,5 m   32 m

0 m [34 m ü. NHN]

1
Alexanderplatz

B-Plan VII-VE2 (2004)
153,2 m

B-Plan VII-B (2)

B-Plan VII-88 (1969)

BNP1958/60 V

B-Plan 4-69 (2008)

2
Zoologischer Garten

138 m

110 m

B-Plan II-165 (1995)
72 m

B-Plan II-164 (1996)
77 m

B-Plan II-163 (1996)
70 m

3
Potsdamer Platz

Tiergarten F◯

74 m
1869

B-Plan I - 219 (2013)
116 m
1893

60 m
1845

70 m
1785

4
Unter den Linden

1977–1980   B-Plan 10-81aG (2015)

Berlin
Brandenburg

§ 34 BauGB

5
Marzahn

Hoheneiche

22 m   § 34 BauGB

6
Gründerzeit / Winsviertel (ehem. Ost-Berlin)

Volksentscheid 2014   0 m

22 m   BNP 1958/60 V

7
Tempelhofer Feld E△

Schillerkiez (ehem. West-Berlin)

BNP 1958/60 IV

BNP-Nichtbaugebiet → § 34 BauGB

8
Kleingartenkolonie Sonnenbad / Priesterweg

BNP 1958/60 II

BNP 1958/60 III

BNP 1958/60 IV

9
Villenkolonie Grunewald

25 m

Berlins höchste Erhebung ist ein Gebäude, neue Bebauungspläne lassen weitere Hochplateaus entstehen.
Berlin's highest elevation is a building, and new development plans are creating further high plateaus.

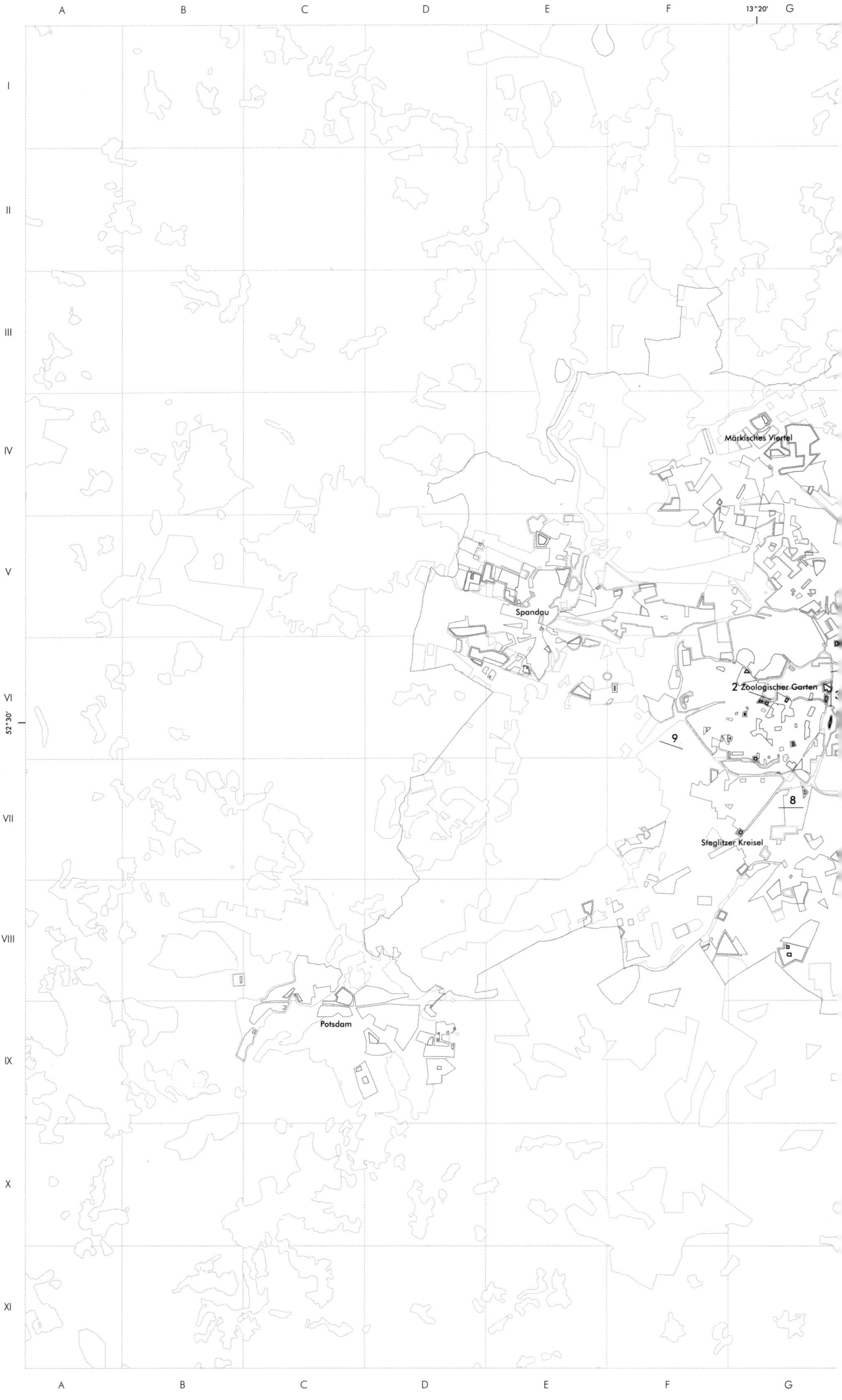

A　　B　　C　　D　　E　　F　　13°20'　G

I

II

III

Märkisches Viertel

IV

V

Spandau

2 Zoologischer Garten

52°30' I

VI

9

8

VII

Steglitzer Kreisel

VIII

Potsdam

IX

X

XI

A　　B　　C　　D　　E　　F　　G

☐ 1-4 Etagen　☐ 5-7 Etagen　☐ 8-16 Etagen　☐ 17 Etagen und mehr
　1-4 floors　　5-7 floors　　8-16 floors　　more than 17 floors

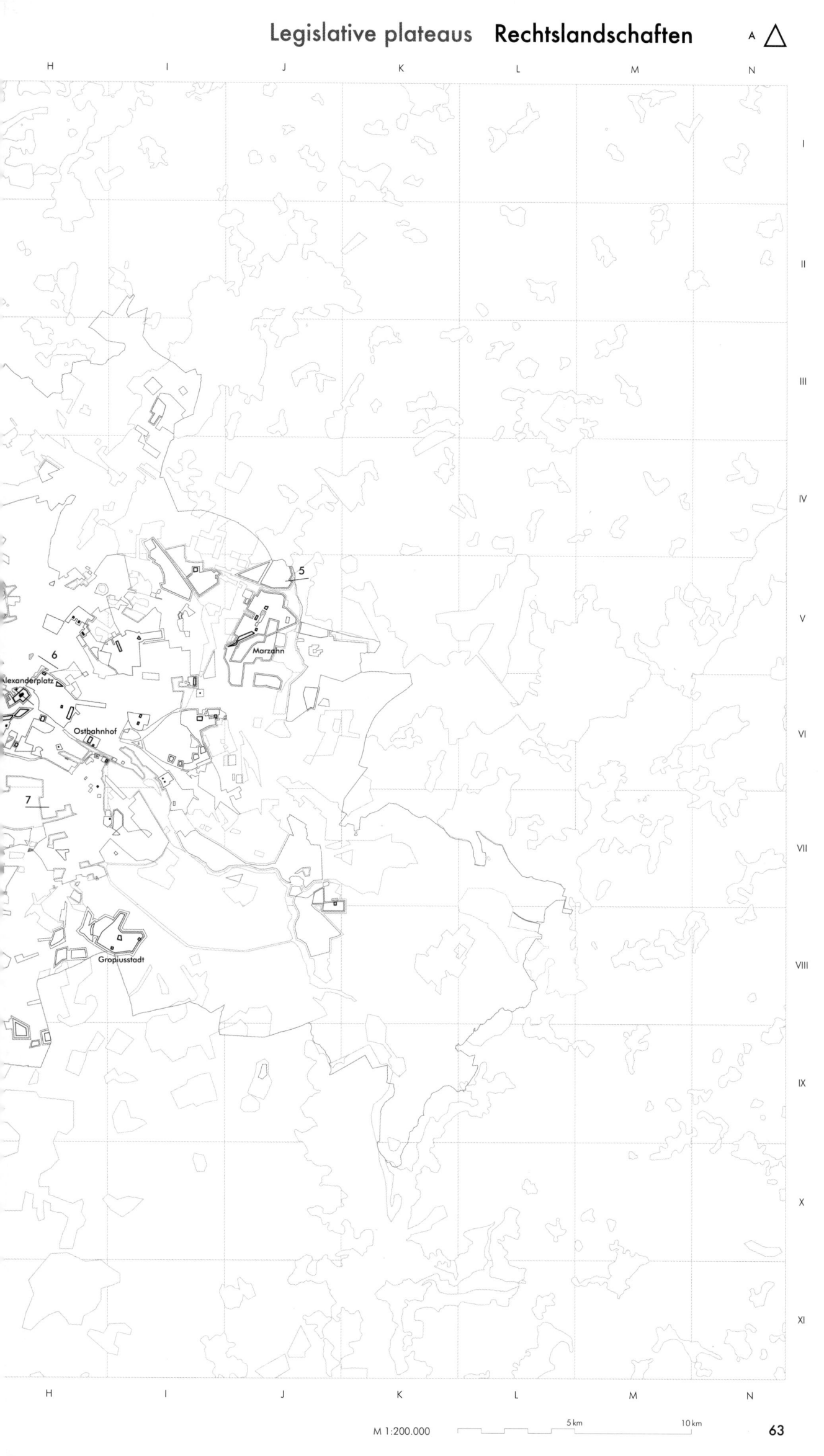

RECHTSSEDIMENTE
LEGISLATIVE SEDIMENTS

1230 Sachsenspiegel
1307 Berlin-Cölln
1641 Bauordnung
1794 Allgemeines Landrecht für die Preußischen Staaten
1853 Baupolizeiordnung Berlin
1875 Preußisches Fluchtliniengesetz
    (Straßen- und Baufluchtengesetz)
1887 Baupolizeiordnung Berlin
1892 Bauordnung für die Vororte /
    Südende, Steglitz, Friedenau,
    Schmargendorf, Westend, Grunewald
1929 Berliner Bauordnung
    (Groß-Berlin-Gesetz 1920)
1958 Bauordnung Berlin
1960 Baunutzungsplan
1958 Deutsche Bauordnung (DDR)
1990 BauO Berlin 1985
1996 Gescheiterte Länderfusion
    Berlin-Brandenburg
2020 Berlin

Der wachsende Einflussbereich rechtlicher Bestimmungen von Berlin
The growing influence of legal regulations from Berlin

Wenn man an gebaute Landschaften, Stadtviertel oder große natürliche Elemente wie Hügel oder Seen denkt, erscheint es offensichtlich, dass solche Bedingungen maßgeblichen Einfluss auf die entstehende Architektur haben werden. Neben großen Planungen und Visionen oder starken natürlichen Faktoren wie Inseln oder Bodenbeschaffenheit sind aber auch weniger sichtbare, aber nicht weniger drastische Parameter entscheidend, wenn die jetzige und auch zukünftige Form der gebauten Stadt verhandelt wird.

Preußische Fluchtlinien, Wegerechte, Besitzrechte, Grundbuchsteilungen, um nur wenige der unsterblichen rechtlichen Identitäten zu nennen, die Berlin maßgeblich prägten und prägen werden, überlagern sich in einem gedachten Rechtsraum und bilden sich über die Jahrhunderte verdichtet in der physischen Präsenz von Mauerwerk und Beton aus. Die in der Innenstadt übergreifend gültige Traufkantenregelung von 22 Metern, von James Hobrecht entwickelt und einzig von Kirchen überragt, prägt immer noch den Architekturdiskurs trotz drängender Probleme wie dem Bevölkerungswachstum und der fehlenden Nachhaltigkeit einer ungebremst ausufernden Stadt. Alte Pläne wie der Baunutzungsplan (1961), als temporärer Übergangsplan zur Wiederbebauung West-Berlins entwickelt, geistern weiterhin untot durch Berlins Bauämter und führen zu einer weiteren Verunklärung bestehender Baufreiheit. Was in Berlin gebaut, nicht gebaut oder anders gebaut wird, ist zuallererst ein großes Politikum.

Versucht man nun diese Schichten sichtbar zu machen, so erkennt man, dass die baurechtliche Situation eines Grundstücks oftmals durch unsichtbare Grenzen und eine Unzahl an historischen Schichten verschiedener Regelwerke definiert wird. Wie eine Analyse der Schichten des Baugrunds gilt es für den Planer auch diese zunächst gedanklich zu durchdringen, um dann darauf zu gründen. So hinterlassen all diese ungesehenen Überlagerungen ihre Spuren im gebauten Raum und sind in ihrer Komplexität oft sogar langlebiger und viel mächtiger als einzelne Häuser. Ein Wirrwarr aus Zuständigkeiten und Reglements verhindert und verlangsamt allerdings ebenso oft die so nötige schnelle Entwicklung von neuen Bau- und Wohnungsprojekten. Ebenso steht die am Ende starre und typisierende Baunutzungsverordnung der Entwicklung radikaler neuer Typologien oft im Wege.

Doch schafft diese Collage aus verschiedenfarbigen Transparentpapieren, Gedanken und Linien auch Grauzonen, Zwielicht, die es dem findigen Planer und Architekten erlauben, Neues zu entwickeln, so wie das Dickicht an Gesetzen auch versierten Stadtplanern in den Baubehörden hilft, schlimme Bausünden zu verhindern. Die Stadt wächst als Werk der dauernden Verhandlung.

When one thinks of built landscapes, city districts, or large natural elements such as hills and lakes, it seems obvious that they might have a decisive influence on architecture. But invisible town planning paradigms and urbanistic visions that manifest themselves in planning laws are no less drastic parameters when deciding the future shape of the built city.

Prussian regulations defining the alignment of buildings, rights of passage, property rights, and land registry divisions are just a few of the legal legacies that have shaped and will shape Berlin. They developed over centuries and found physical manifestation in tons of masonry and concrete. The 22-meter height limits, developed by James Hobrecht and back then exceeded only by churches, still dominates the architectural discourse, hindering further densification of the inner city despite pressing problems such as population growth and a lack of sustainability in a city that is rapidly sprawling. Old concepts such as the Baunutzungsplan (1961), developed as a temporary transitional blueprint for the redevelopment of West Berlin, continue to haunt local building authorities by forbidding or overregulating nearly any regular building project. And they lead to a further diminishment of the "Baufreiheit," which in theory give citizens the opportunity to build and allows the state to object only in critical cases. What is built, not built, or built differently in Berlin is first and foremost a major political and administrative issue.

If one now tries to make these layers visible, one realizes that the buildable potential of a property is often defined by invisible boundaries and myriad historical layers of various rules. Like an analysis of geological sediments and the layering of soils, it is important for planners to first develop an understanding of these strata and then use them constructively, in both the figurative and literal senses. These unseen entities leave their traces in the built space and are often more durable and powerful in their complexity and endurance than individual houses. Therefore, a tangle of responsibilities and regulations often prevents or delays the development of needed buildings and housing projects. Ultimately, rigid and restrictive building regulations often stand in the way of developing radical new typologies.

But this layered constellation—resembling a collage of differently colored transparent papers, thoughts and lines—also creates interesting grey areas, twilight zones that allow for the resourceful planner or architect to invent something radically new within the given boundaries, just as the thicket of laws also helps experienced urban planners and state officials prevent terrible building sins. The city's growth is the subject of constant negotiation.

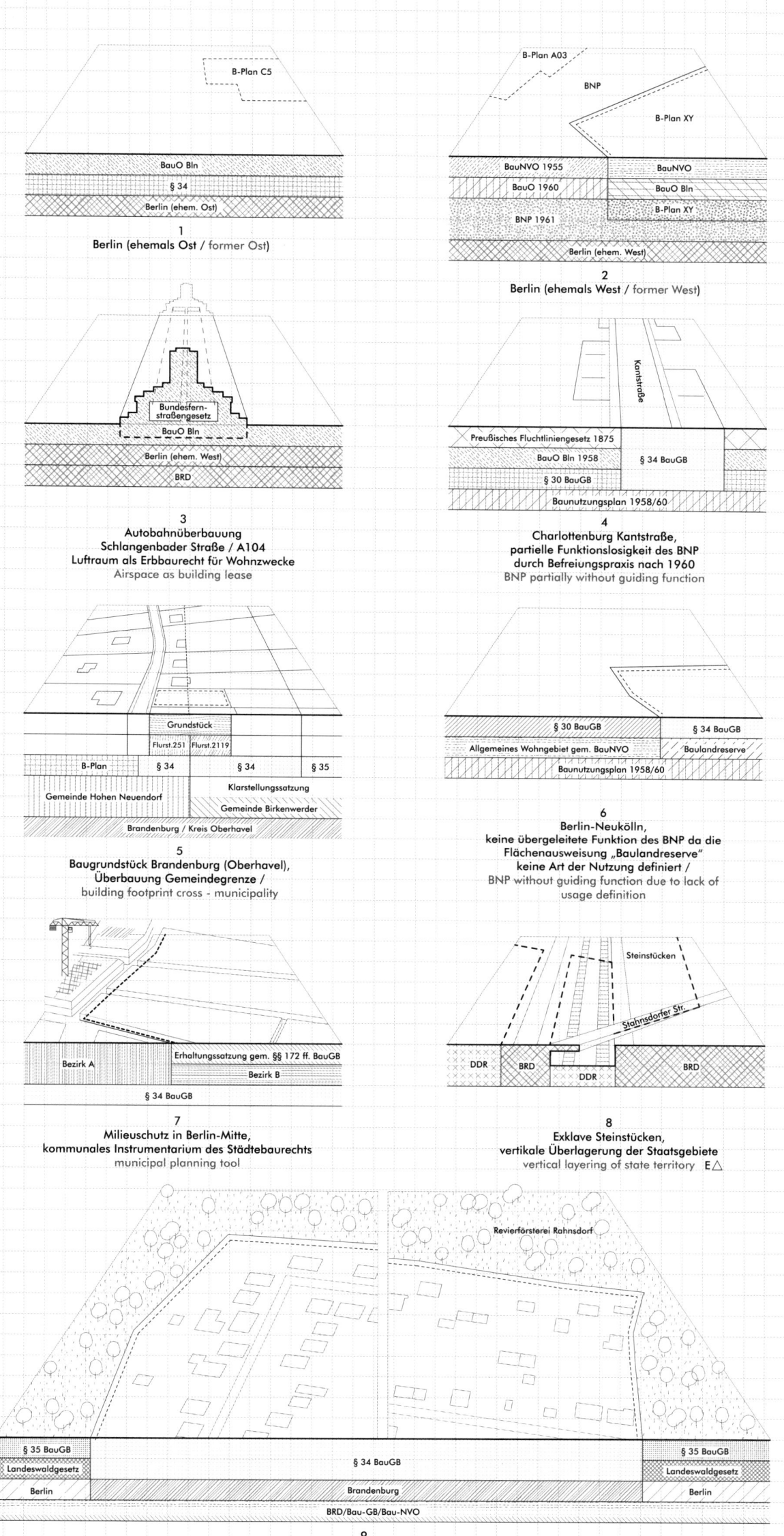

1
Berlin (ehemals Ost / former Ost)

2
Berlin (ehemals West / former West)

3
Autobahnüberbauung
Schlangenbader Straße / A104
Luftraum als Erbbaurecht für Wohnzwecke
Airspace as building lease

4
Charlottenburg Kantstraße,
partielle Funktionslosigkeit des BNP
durch Befreiungspraxis nach 1960
BNP partially without guiding function

5
Baugrundstück Brandenburg (Oberhavel),
Überbauung Gemeindegrenze /
building footprint cross - municipality

6
Berlin-Neukölln,
keine übergeleitete Funktion des BNP da die
Flächenausweisung „Baulandreserve"
keine Art der Nutzung definiert /
BNP without guiding function due to lack of
usage definition

7
Milieuschutz in Berlin-Mitte,
kommunales Instrumentarium des Städtebaurechts
municipal planning tool

8
Exklave Steinstücken,
vertikale Überlagerung der Staatsgebiete
vertical layering of state territory E△

9
Rahnsdorf,
bauliche Halbinsel in Berliner Waldgebiet
built peninsula inside Berlin forest area

10 m

	Bebauungsplan (§ 30 BauGB)		BNP 1960 (§ 30 BauGB)		Stadtgrenze		Bezirksgrenze		Landkreisgrenze
	Bebauungsplan (§ 30 BauGB)		BNP 1960 (§ 30 BauGB)		Berlin border		Borough border		District border

RECHTLICHE STRÖME
LEGISLATIVE STREAMS

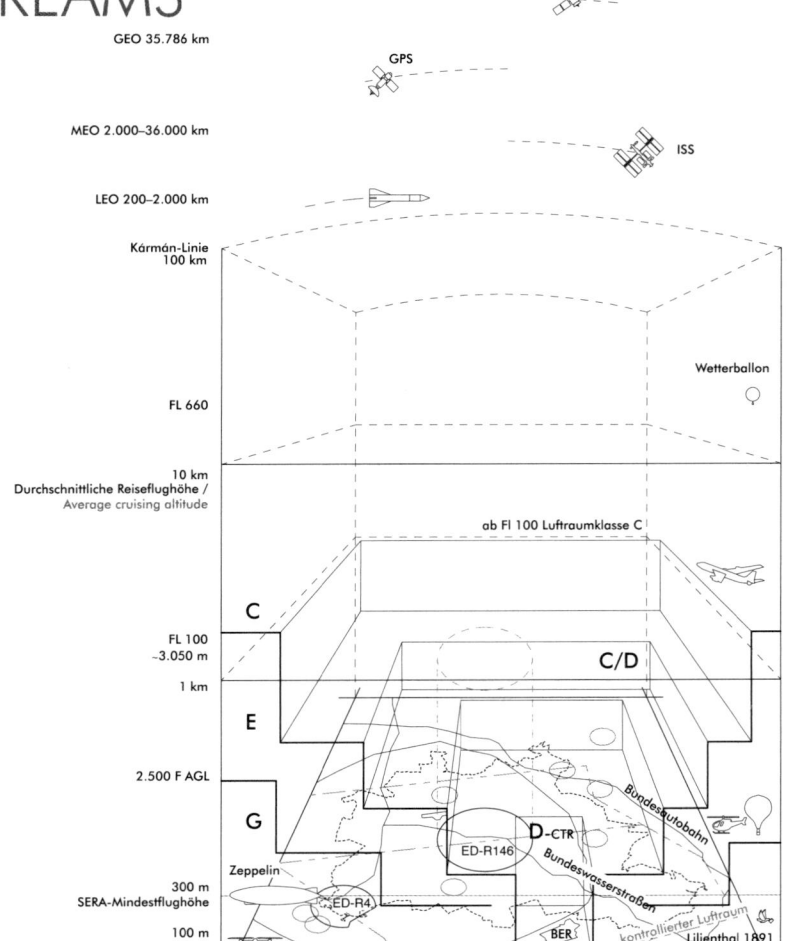

Satelliten-TV

GEO 35.786 km

GPS

MEO 2.000–36.000 km

ISS

LEO 200–2.000 km

Kármán-Linie
100 km

Wetterballon

FL 660

10 km
Durchschnittliche Reiseflughöhe /
Average cruising altitude

ab Fl 100 Luftraumklasse C

C

FL 100
~3.050 m

C/D

1 km

E

2.500 F AGL

Bundesautobahn

G

D-CTR

ED-R146

Bundeswasserstraßen

Zeppelin

ED-R4

300 m
SERA-Mindestflughöhe

BER

kontrollierter Luftraum

Lilienthal 1891

100 m
Maximalflughöhe Drohnen,
Drachen, gefesselte Ballons

Rechtliche Aufteilung des Luftraums über Berlin
Legal division of airspace over Berlin

Berlin als heutige Hauptstadt Deutschlands zeigt im Kleinen, welche Vorzüge und Problemstellungen eine föderale und vielschichtige Staats- und damit Raumstruktur immer wieder aufwirft. Auch während Berlins jüngerer Vergangenheit, der Zeit der Trennung und des Mauerbaus, entstanden rechtliche Paradoxien und Kuriositäten: Züge, die unter Brücken fremdes Staatsgebiet unterfuhren, oder ein von rechtlichen Arterien und Hoheitseinflüssen durchzogener Stadtstaat, der in 500 Kilometer Entfernung verwaltet wurde.

Zugehörigkeit, Zuständigkeit und Zustand der diversen sichtbaren und baulichen Strukturen, also der Wasserwege, Brücken und Straßen, genauso wie die infrastrukturellen Korridore, Einflugschneisen und Lärmbestimmungen durch Bahn- und Straßenverkehr, welche in verschiedenen Gesetzen und Verordnungen verankert sind, bilden ein Diagramm oder Bezugssystem, indem von Berlin als abgeschlossener Form kaum gesprochen werden kann. Auch in dieser diffusen, postmodernen Gemengelage wird heftig gestritten und spekuliert. Die per Volksentscheid gewünschte Offenhaltung des Flughafens Tegel wird vom Land Berlin erklärtermaßen nicht umgesetzt, da Berlin für eine Weiternutzung die gemeinsame Landesplanung mit Brandenburg aufgeben müsste. Ankerrechte in den Flüssen Berlins werden partiell von findigen Alternativen zur Errichtung ganzer Floßstädte genutzt.

Das isolierte Nebeneinanderstellen dieser besonderen Bewegungsräume verdeutlicht den Stellenwert und die riesigen Maßstäbe von Straße, Wasserweg und Luftraum als besondere rechtliche Zonen und stellt ebenso deutlich die Frage nach einem Verlust der Planungshoheit Berlins.

Entschließt sich Berlin beispielsweise, seine Stadtautobahn zu überbauen, welche Akteure sollen dann darüber mitentscheiden? Die verschiedenen Interessengruppen auf Bundes-, Landes- und bezirklicher Ebene folgen bisweilen ihren ganz eigenen Strategien. Wenn man als Planer mit diesen Entitäten jongliert, besteht die Chance auf eine zweite Meinung genauso wie die Gefahr des Verdikts einer unbeteiligten, entfernten Behörde, die Projekte stilllegen kann. Frühzeitige Kooperation wird zunehmend wichtig, so ist selbst der neue Flughafen BER als Gemeinschaftsprojekt im Grenzgebiet angesiedelt, am Schnittpunkt der neuen „Doppelstadt" Berlin-Brandenburg.

Berlin, today the capital of Germany, shows on a small scale all the advantages and problems that a federal and multi-layered state repeatedly raises. Legal paradoxes and curiosities also arose during the period of separation and the building of the Wall: trains that passed under bridges and therefore "under" a foreign territory or a city-state that was administered 500 km away and was criss-crossed by legal arteries and sovereign influences.

The affiliation, responsibility and condition of the various building structures, waterways, bridges, and roads, as well as the infrastructural corridors, flight paths, and noise regulations through rail and road traffic, which are anchored in various laws and regulations, form a diagram and reference system in which it is difficult to speak of Berlin as a contained form with a clear border. This diffuse postmodern mixture is further complicated by fierce debate and speculation. The state of Berlin has declared that it will not adhere to a referendum in which citizens voted to keep Tegel Airport open, as the city would have to abandon a joint plan with Brandenburg to operate a single airport at Schönefeld. Anchor rights in Berlin's rivers are partly misused and taken advantage of by resourceful young urban interest groups that construct entire rafting cities by claiming they are only temporarily anchoring.

The isolated juxtaposition of these special conditions and anecdotes illustrates the spatial significance and huge scale of roads, waterways and airspaces as special legal zones. Since a lot of those areas are not under Berlin's control, this often results in a loss of planning sovereignty for the city.

For example, if Berlin decides to build above its federal motorway, the "Stadtautobahn", which actors should have a say in the decision? The various interest groups at the federal, state and district levels often follow their own strategies. Planners seeking to juggle these entities face a conundrum: They face the prospect of a shutdown by an uninvolved and distant authority, but might also be able to get a second opinion. So early cooperation is becoming increasingly important, and even the new BER airport is located as a joint project in the border area of the new "twin city" Berlin-Brandenburg.

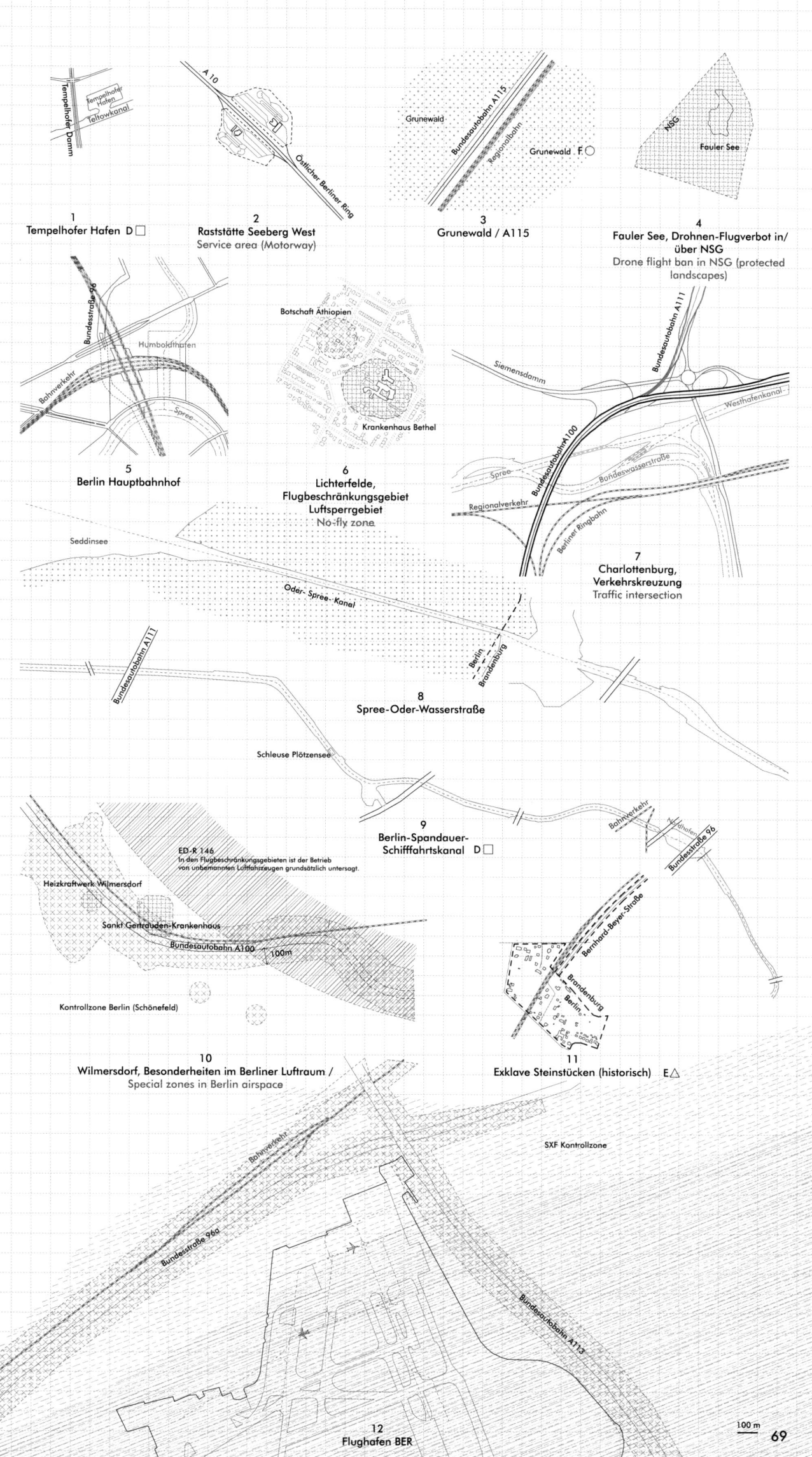

1
Tempelhofer Hafen D □

2
Raststätte Seeberg West
Service area (Motorway)

3
Grunewald / A115

4
Fauler See, Drohnen-Flugverbot in/
über NSG
Drone flight ban in NSG (protected
landscapes)

5
Berlin Hauptbahnhof

6
Lichterfelde,
Flugbeschränkungsgebiet
Luftsperrgebiet
No-fly zone

7
Charlottenburg,
Verkehrskreuzung
Traffic intersection

8
Spree-Oder-Wasserstraße

9
Berlin-Spandauer-
Schifffahrtskanal D □

10
Wilmersdorf, Besonderheiten im Berliner Luftraum /
Special zones in Berlin airspace

11
Exklave Steinstücken (historisch) E △

12
Flughafen BER

100 m

Berlins Verkehrsadern gehören ihr nicht, die Stadt ist durchzogen und überflogen von Korridoren und Passagen.
Berlin's traffic arteries do not belong to it, the city is criss-crossed and overflown by corridors and passages.

	Bahnverkehr Rail traffic		Bundesstraße National road		Wasserstraße Waterway		Luftsperrgebiet Air restricted area		Kontrollzone (von 0 m bis 762 m) Control zone (from 0 m to 762 m)

Flugplatz Werneuchen

Reguläre Flugrouten

Kontrollzone
Generelles Flugverbot < 50 m

Spree-Oder-Wasserstraße

Flughafen Tempelhof
1923–2008

Flugplatz Johannisthal
1909–1952

Reguläre Flugrouten

Dahme-Wasserstraße

Flughafen Schönefeld / BER
1946 / 2020

Flugplatz Friedersdorf

▷ Reguläre Flugroute
    Regular flight route

M 1:200.000   5 km   10 km

RECHTSZONEN WASSER
AQUATIC LAWS

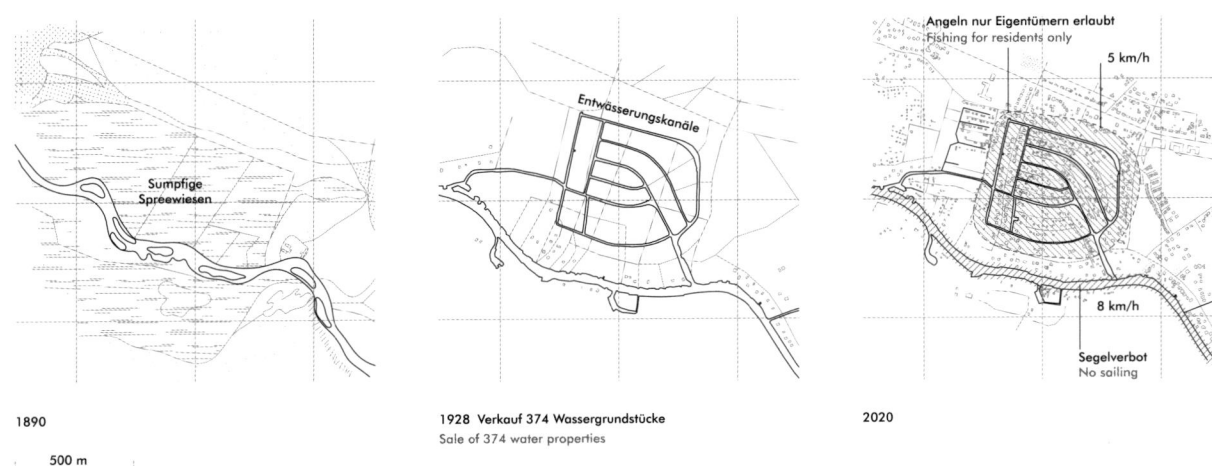

1890

500 m

Sumpfige
Spreewiesen

1928 Verkauf 374 Wassergrundstücke
Sale of 374 water properties

Entwässerungskanäle

2020

Angeln nur Eigentümern erlaubt
Fishing for residents only

5 km/h

8 km/h

Segelverbot
No sailing

Künstliche Wassersiedlung (Neu-Venedig) mit wechselnden Bestimmungen und neu entsthenden Rechtszonen Wasser   D ☐
Artificial water settlement (Neu-Venedig) with changing regulations and newly emerging aquatic laws

Berlin genießt einen Reichtum an fluiden Räumen mit einem für die Stadt noch weitgehend unentdeckten Freiheitspotenzial. Doch sind diese Wasserflächen nicht alle gleich, sondern fein differenziert durch verschiedene rechtliche Normen und Verordnungen. Sie dienen verschiedenen Zwecken wie dem Transport von Kohle und Bauschutt auf den durch Bojen markierten Fahrrinnen bis hin zu geschützten Trinkwasserreservoirs, besonders geschützten Arealen zum Artenschutz, Fischereireusen, temporären Anlegeplätzen und dauerhaften Liegeplätzen.

Eine Anekdote beleuchtet den potenziellen Freiraum an den inneren Grenzen dieser Rechtskörper: Eine Gruppe junger Leute hat ein Projekt ins Leben gerufen, bei dem mit Videoleinwänden bestückte Flöße die Berliner Kanäle befahren, da das Bezirksamt zuvor eine Aufführung verboten hatte. Da das Publikum von dem unter Bezirkshoheit stehenden Ufer zuschaute, der Kanal, auf dem die Leinwand schwamm, als Bundeswasserstraße aber ein föderales Gewässer ist, konnte die Veranstaltungsreihe tagelang weitergeführt werden. Auffällig ist, dass das Rechtsgebiet auf die immer in Bewegung befindlichen Wasserlinien nur in starren Zonen reagiert und sie in abstrakte Rechtsräume und Besitzansprüche unterteilt. Anders als im Baurecht liegt die Planungshoheit auf föderaler oder gemeindlicher Ebene eher im Zuweisen vorgefertigter Rechtsgebiete. Der Handlungsspielraum für kreative Lösungen ist deshalb stark eingeschränkt oder seit mehr als 100 Jahren verloren, da die Wasserwege seitdem auf Staatsebene verwaltet werden, heute als Bundeswasserstraßen.

In der Sammlungszeichnung finden sich deshalb Areale extrem verschiedener Form und Dimensionen wieder, welche jeweils eine spezielle rechtliche Geltungszone räumlich verorten. Schon für sich ergeben die Ankerverbote, Anglerverband-Zugehörigkeiten und Fahrrinnen komplexe Gebilde. In der Realität jedoch überlagern sie sich, um die verschiedenen Nutzungsansprüche zu verhandeln. Meist schützt und regelt das Gesetz aber die Ansprüche von speziellen Interessengruppen, während ein allgemeines Nutzungs- oder Kreativpotenzial für die Bewohner Berlins oftmals ausbleibt.

Der gelebte Geist des Unfertigen und Ausgefransten, der Berlin in den 90er-Jahren zum Sehnsuchtsort der Republik und darüber hinaus machte, hat in einigen Bereichen überdauert – bei allen Baulückenschließungen und dem Ausverkauf vieler stadteigener Flächen vielleicht in Zukunft mehr im Legislativen als im Physischen. Die rechtliche Brachfläche funktioniert als neue Heterotopie und Freiheitsraum.

Berlin enjoys a wealth of waterways, fluid spaces with a potential for freedom that is still largely undiscovered by the city and its dwellers. However, these water areas are not legally homogeneous, but finely differentiated by various legal norms and regulations. They serve various purposes, from the transport of coal and building rubble on routes marked by buoys, to protected drinking water reservoirs, special zones for the protection of species, fishing traps, and temporary or permanent moorings.

An anecdote sheds light on the potential freedoms offered by the uncertain political control: After a district office barred a film screening by several young people, the group equipped a raft with a video screen that they parked in a canal. The audience watched from the shore under district jurisdiction, but the canal is a federal waterway, so the group was able to show their film for days. Even when the waterways shift their course, zoning alongside them follows rigid lines that define abstract legal spaces and claims of ownership. In contrast to building codes, planning sovereignty at federal or municipal level lies in the allocation of standardized legal language, not the creation of unique, adequately adapted rules. For more than a century, Berlin has been beholden to federal institutions for control of its waterways, restricting its ability to find creative local solutions to access and use.

The collection drawing therefore analyzes areas of extremely different shapes and dimensions, each of which spatially exemplifies a specific legal zone and its legal conditions. The anchoring bans, permits for fishing associations, and shipping channels are already complex structures in themselves. In reality, though, they also overlap in order to negotiate the various claims for use. In most cases, the law protects and regulates the claims of special interest groups, while there is usually no general potential or basic right of creative use for the broader group of inhabitants of Berlin.

The living spirit of the unfinished and frayed, a somewhat anarchic urbanism that made Berlin a symbol of longing for the Republic and beyond in the 1990s has survived in some areas - despite the demolition and foreclosure of social and cultural spaces, the termination of many intermediate usages in illegally occupied zones and the sellout of many city-owned areas. Perhaps in the future the framework for experimental activism will be found more in the legislative than in the physical realm. The legal "vacant lot" functions as a new heterotopia and potential space for freedom.

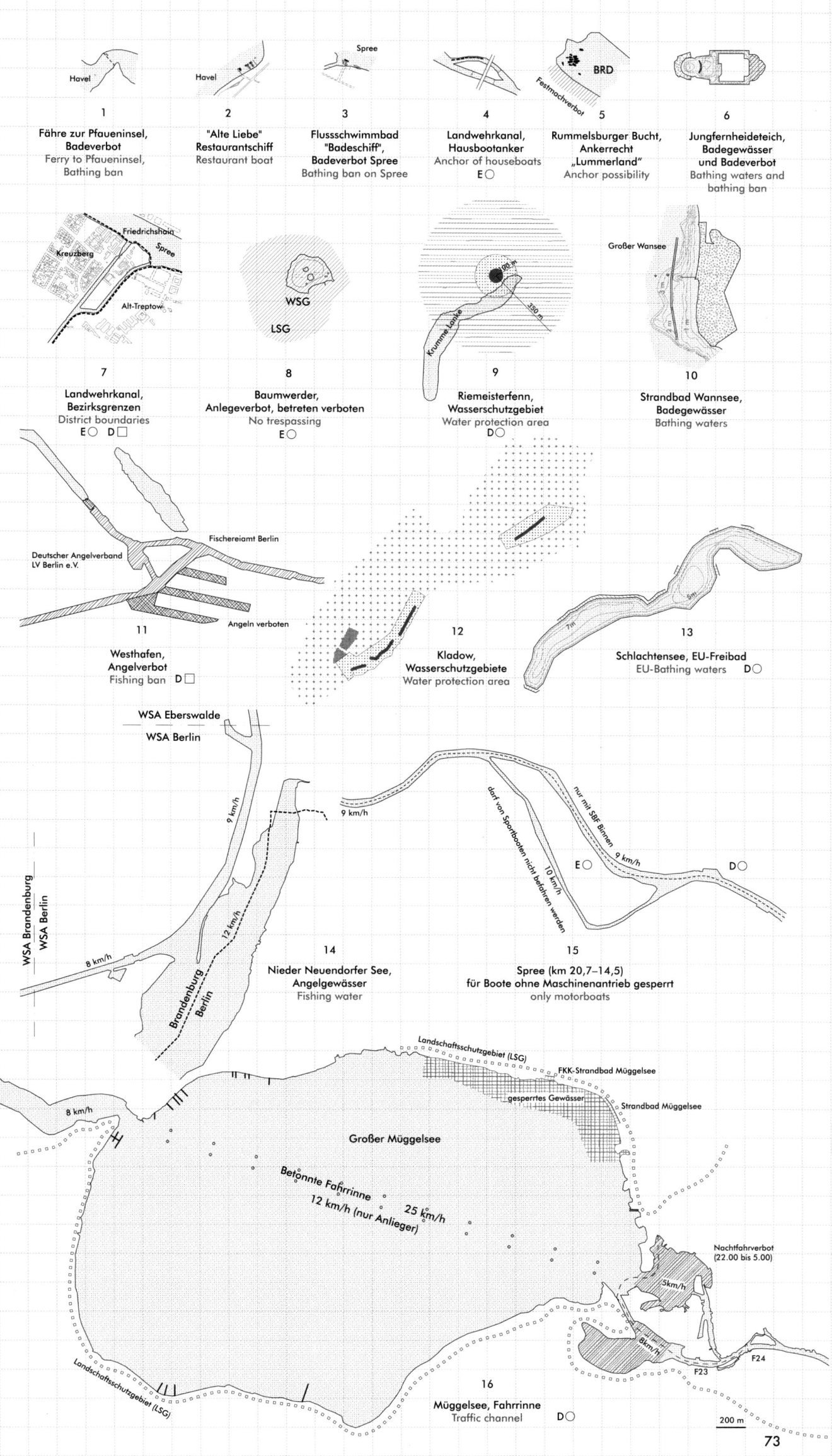

1 — Fähre zur Pfaueninsel, Badeverbot / Ferry to Pfaueninsel, Bathing ban — Havel

2 — "Alte Liebe" Restaurantschiff / Restaurant boat — Havel

3 — Flussschwimmbad "Badeschiff", Badeverbot Spree / Bathing ban on Spree — Spree

4 — Landwehrkanal, Hausbootanker / Anchor of houseboats — E○

5 — Rummelsburger Bucht, Ankerrecht „Lummerland" / Anchor possibility — BRD, Festmachverbot

6 — Jungfernheideteich, Badegewässer und Badeverbot / Bathing waters and bathing ban

7 — Landwehrkanal, Bezirksgrenzen / District boundaries — E○ D□ — Friedrichshain, Kreuzberg, Spree, Alt-Treptow

8 — Baumwerder, Anlegeverbot, betreten verboten / No trespassing — E○ — WSG, LSG

9 — Riemeisterfenn, Wasserschutzgebiet / Water protection area — D○ — Krumme Lanke, 100 m, 350 m

10 — Strandbad Wannsee, Badegewässer / Bathing waters — Großer Wannsee

11 — Westhafen, Angelverbot / Fishing ban — D□ — Deutscher Angelverband LV Berlin e.V., Fischereiamt Berlin, Angeln verboten

12 — Kladow, Wasserschutzgebiete / Water protection area

13 — Schlachtensee, EU-Freibad / EU-Bathing waters — D○ — 7 m

14 — Nieder Neuendorfer See, Angelgewässer / Fishing water — WSA Eberswalde, WSA Berlin, WSA Brandenburg, WSA Berlin, 9 km/h, 12 km/h, 8 km/h, Brandenburg, Berlin

15 — Spree (km 20,7–14,5) für Boote ohne Maschinenantrieb gesperrt / only motorboats — 9 km/h, darf von Sportbooten nicht befahren werden, 10 km/h, nur mit SBF Binnen, 9 km/h, E○ D○

16 — Müggelsee, Fahrrinne / Traffic channel — D○ — Landschaftsschutzgebiet (LSG), FKK-Strandbad Müggelsee, gesperrtes Gewässer, Strandbad Müggelsee, Großer Müggelsee, 8 km/h, Betonnte Fahrrinne 25 km/h, 12 km/h (nur Anlieger), Landschaftsschutzgebiet (LSG), Nachtfahrverbot (22.00 bis 5.00), 5 km/h, 8 km/h, F23, F24

200 m

Berlins Gewässer sind Naturreservate und umkämpfte Nutzungszonen: Angler und Taucher, Boote und Segler.
Berlin's waters are nature reserves and contested zones of use: fishermen and divers, boats and sailors.

Badestelle am Lehnitzsee

13°20'

Hubertussee

Köppchensee

WSA Eberswalde

Havel- Oder- Wasserstraße

WSA Brandenburg

14

Freibad Lübars am Ziegeleisee

Badestelle am Nymphensee

Tegel

Spandau

Freibad am Plötzensee

6

11

Westhafen

Karpfenteich

Humboldthafen

Staaken

4

Neuer See

Lietzensee

52°30'

2

12

9

8

13

10

1

WSA Brandenburg

Badestelle am Schwielowsee

Betriebsgelände Wasserwerk
Premises water works

Angelverbot
Fishing ban

Badestelle
Bathing area

Bundeswasserstraße
Federal waterway

Landeswasserstraße
Waterway Bundesland

Kiessee Arkenberge

Karower Teiche

Karpfenteiche

Badestelle am Orankesee

Spree- Oder- Wasserstraße

15

7   3   5

Kaulsdorf

Wuhlheide

Friedrichshagen

Johannisthal

16

Hauptsee

Eichwalde

Badestelle am Rangsdorfer See

	Schutzzone		Schutzzone 10 m, 100 m	
II III IIIA IIIB	Protection zone		Protection zone 10 m, 100 m	M 1:200.000

5 km   10 km

ENKLAVEN
FOREIGN TERRITORIES

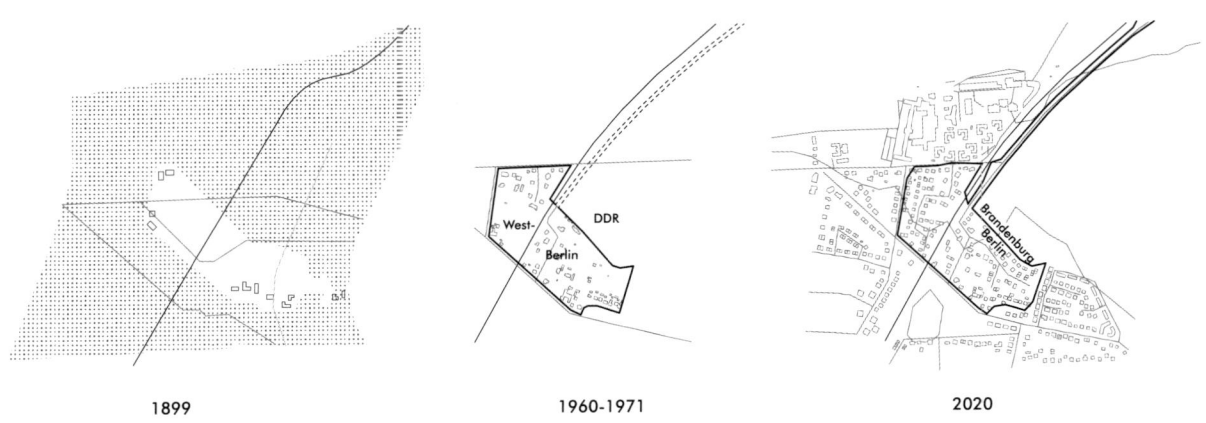

1899	1960-1971	2020

Die West-Berliner Exklave Steinstücken entsteht 1920 und liegt nach 1945 isoliert im Staatsgebiet der DDR
The West Berlin exclave Steinstücken was created in 1920 and was completely isolated in the territory of the GDR after WWII

Für einen kurzen historischen Moment war West-Berlin von Exklaven umgeben – kleine Inseln von isoliertem Staatsgebiet, die zwischen zwei Staatsideologien existierten. West-Berlin stülpte sich nach außen, Ost-Berlin nach innen, und zwar in Bereiche, die sich aufgrund geografischer und besitztechnischer Gründe nicht klar oder zusammenhängend in Ost und West teilen ließen. Dabei grenzten nicht nur zwei souveräne Staatsterritorien aneinander, sondern auch zwei von atomaren Großmächten unterstützte Mitglieder der jeweiligen globalen Blöcke. Aufmarschpläne und Übernahmeszenarien wurden entwickelt, während der Luftbrücke verwandelte sich West-Berlin als Ganzes für elf Monate in eine Insel bzw. zu einer nur mit dem Flugzeug erreichbaren Exklave der BRD.

So entstanden bauliche Territorien, die sich außerhalb der absurd aufwendigen Infrastruktur der innerdeutschen Grenze, des „antifaschistischen Schutzwalls", als Inselwelten darstellten. Sie waren nur über gesonderte Passagen erreichbar, teilweise umringt von Hunderten Metern an vermintem und gerodetem Land. Das Leben auf solch einer Insel oder Halbinsel oder der Besuch des eigenen Kleingartens im Feindesland wurde dennoch zum Alltag, und die Anpassung an Ausnahmen und besondere Regelkonstellationen anscheinend bereitwillig in die wöchentliche Routine integriert.

Enklaven, die tatsächlich fremdes Staatsgebiet darstellten, im weiteren Sinne aber auch Botschaften oder militärische Sperrgebiete (insbesondere der Alliierten), bilden eine Ansammlung eigenwilliger Rechtsinseln. Als ein russisches Kampfflugzeug 1978 mit den Sendemast Zehlendorf (bei Oranienburg) kollidierte, wollte die UdSSR den Wiederaufbau nur unter sowjetischen Arbeitsvorschriften durchführen. Dafür wurde eine Fläche im Umkreis von 300 Metern um den Mast temporär zu sowjetischem Staatsgebiet erklärt. Die Sammlung und Gegenüberstellung verschiedener exemplarischer exterritorialer Gebiete verdeutlicht deren Inselcharakter und das Spektrum von deren Größe und Daseinsgrund. Die Bandbreite bewegt sich zwischen kleinen Ortsteilen und sogar Gartenkolonien, die sich nicht den jeweiligen Zonen zuordnen lassen wollten, bis hin zu wichtigen Infrastrukturbauten wie dem Flughafen Tempelhof.

Welche Modelle lassen sich aus diesem Faszinosum destillieren, welche Strategien lassen sich aus der „Verinselung" ableiten? In einer aufgeladenen historischen Situation standen sich damals in Berlin zwei Weltfronten politisch verfeindeter Systeme gegenüber und trotzdem wurden dermaßen kleinmaßstäbliche Sonderlösungen verhandelt. Vielleicht ist es auch im heutigen Kontext von finanzieller Spekulation, komplexer Rechtslage und internationalen Investoren wieder an der Zeit, Schutzräume und Inseln zu definieren, die gleichsam unschuldig und autark eine andere Realität behaupten.

For a brief period, West Berlin was surrounded by exclaves - small islands of isolated state territory that existed between two state ideologies. West Berlin turned outwards, East Berlin turned inwards, into areas that could not be clearly or coherently divided into East and West for geographical and ownership reasons—at the border of two sovereign states that represented opposing global blocs supported by nuclear superpowers. Deployment plans and takeover scenarios were developed, and during the "Berliner Luftbrücke," an airborne mission to deliver goods during a Soviet lockdown, West Berlin was transformed for 11 months into an island—an exclave of West Germany—that could only be reached by air.

Architectural territories were created that presented themselves as island worlds outside the absurdly elaborate infrastructure of the inner German border, the so-called anti-fascist protective wall. They could only be reached via separate passages, sometimes surrounded by hundreds of meters of mined and cleared land. Nevertheless, life on such an island or peninsula or visiting one's own allotment garden in enemy territory became part of everyday life. The personal adaptation to exceptions and drastic legislative constellations became just another routine.

Enclaves that actually constituted foreign territory, as well as embassies or restricted military areas (especially those of the Allies), formed an accumulation of idiosyncratic islands of law and sovereignty. When a Russian fighter plane collided with the Zehlendorf transmission mast (near Oranienburg) in 1978, the USSR wanted to carry out the reconstruction only under Soviet working regulations. Therefore an area within a radius of 300 m around the mast was temporarily declared Soviet territory. The collection and juxtaposition of various extraterritorial areas illustrates their island character, the range of sizes and specific raisons d'être. The spectrum ranges from tiny neighborhoods and garden colonies that weren't assigned to the respective zones, to important infrastructure buildings such as Tempelhof Airport.

What models can be distilled from this fascination? Which strategies can be derived from "islanding"? In a charged historical situation, politically hostile systems faced each other in Berlin, and yet special solutions on a very small scale were negotiated and implemented. Perhaps even in today's context of financial speculation, complex legal predicaments, and international investors—an economic warzone—it is again time to define shelters and islands that, innocently and self-sufficiently as it were, claim a different reality.

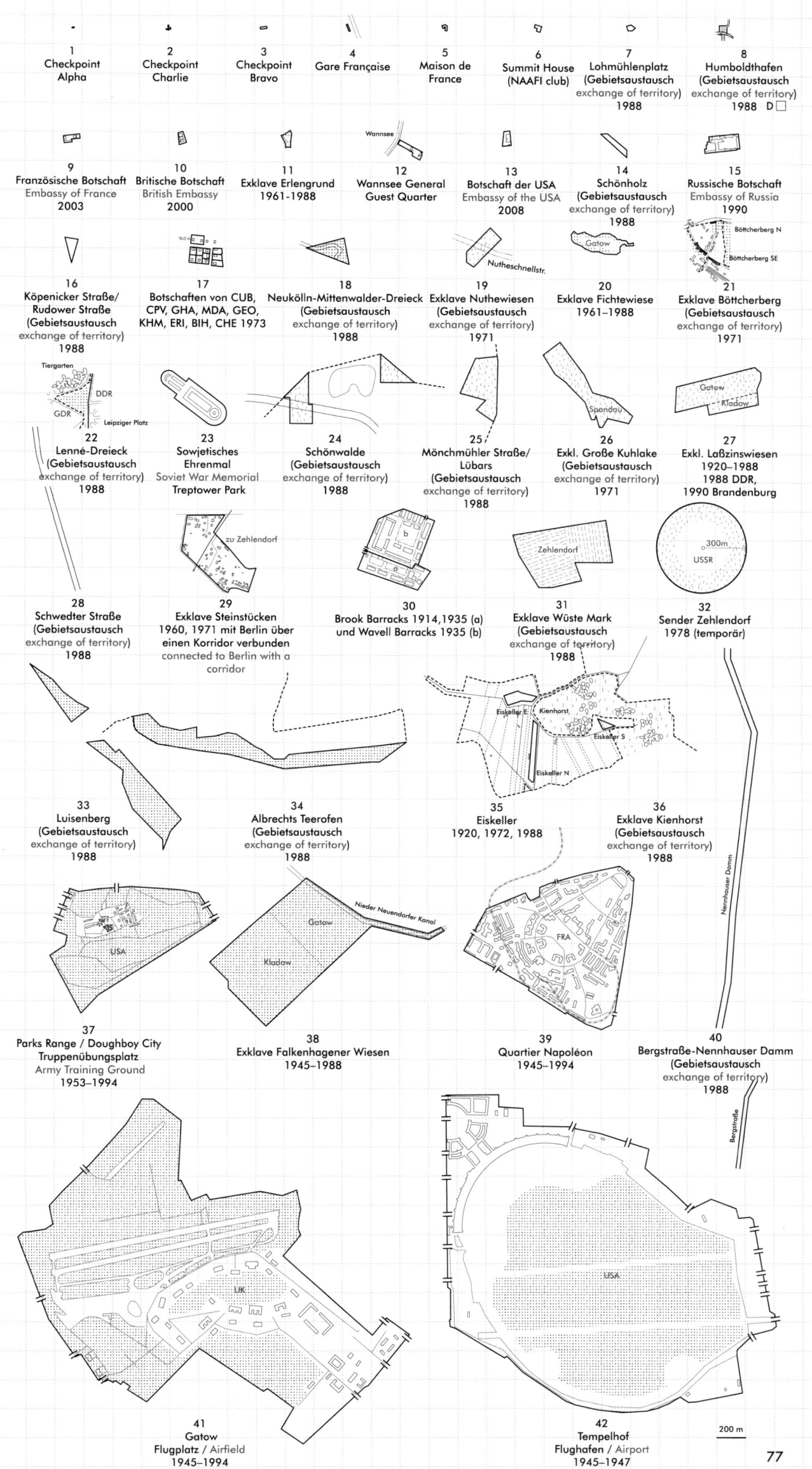

1
Checkpoint
Alpha

2
Checkpoint
Charlie

3
Checkpoint
Bravo

4
Gare Française

5
Maison de
France

6
Summit House
(NAAFI club)

7
Lohmühlenplatz
(Gebietsaustausch
exchange of territory)
1988

8
Humboldthafen
(Gebietsaustausch
exchange of territory)
1988 D☐

9
Französische Botschaft
Embassy of France
2003

10
Britische Botschaft
British Embassy
2000

11
Exklave Erlengrund
1961-1988

12
Wannsee General
Guest Quarter

Wannsee

13
Botschaft der USA
Embassy of the USA
2008

14
Schönholz
(Gebietsaustausch
exchange of territory)
1988

15
Russische Botschaft
Embassy of Russia
1990

16
Köpenicker Straße/
Rudower Straße
(Gebietsaustausch
exchange of territory)
1988

17
Botschaften von CUB,
CPV, GHA, MDA, GEO,
KHM, ERI, BIH, CHE 1973

18
Neukölln-Mittenwalder-Dreieck
(Gebietsaustausch
exchange of territory)
1988

19
Exklave Nuthewiesen
(Gebietsaustausch
exchange of territory)
1971

20
Exklave Fichtewiese
1961–1988

21
Exklave Böttcherberg
(Gebietsaustausch
exchange of territory)
1971

Böttcherberg N
Böttcherberg SE

Nutheschnellstr.

Gatow

22
Lenné-Dreieck
(Gebietsaustausch
exchange of territory)
1988

Tiergarten
DDR
GDR
Leipziger Platz

23
Sowjetisches
Ehrenmal
Soviet War Memorial
Treptower Park

24
Schönwalde
(Gebietsaustausch
exchange of territory)
1988

25
Mönchmühler Straße/
Lübars
(Gebietsaustausch
exchange of territory)
1988

26
Exkl. Große Kuhlake
(Gebietsaustausch
exchange of territory)
1971

Spandau

27
Exkl. Laßzinswiesen
1920–1988
1988 DDR,
1990 Brandenburg

Gatow
Kladow

28
Schwedter Straße
(Gebietsaustausch
exchange of territory)
1988

29
Exklave Steinstücken
1960, 1971 mit Berlin über
einen Korridor verbunden
connected to Berlin with a
corridor

zu Zehlendorf

30
Brook Barracks 1914,1935 (a)
und Wavell Barracks 1935 (b)

b

31
Exklave Wüste Mark
(Gebietsaustausch
exchange of territory)
1988

Zehlendorf

32
Sender Zehlendorf
1978 (temporär)

300m
USSR

33
Luisenberg
(Gebietsaustausch
exchange of territory)
1988

34
Albrechts Teerofen
(Gebietsaustausch
exchange of territory)
1988

35
Eiskeller
1920, 1972, 1988

Eiskeller E
Kienhorst
Eiskeller S
Eiskeller N

36
Exklave Kienhorst
(Gebietsaustausch
exchange of territory)
1988

Nennhauser Damm

37
Parks Range / Doughboy City
Truppenübungsplatz
Army Training Ground
1953–1994

USA

38
Exklave Falkenhagener Wiesen
1945–1988

Nieder Neuendorfer Kanal
Gatow
Kladow

39
Quartier Napoléon
1945–1994

FRA

40
Bergstraße-Nennhauser Damm
(Gebietsaustausch
exchange of territory)
1988

Bergstraße

41
Gatow
Flugplatz / Airfield
1945–1994

UK

42
Tempelhof
Flughafen / Airport
1945–1947

USA

200 m

Berlins Geschichte bewegte Grenzen, umschloss und löste auf: Überbleibsel finden sich überall.
Berlin's history moved borders, it enclosed and dissolved: Remains are found everywhere.

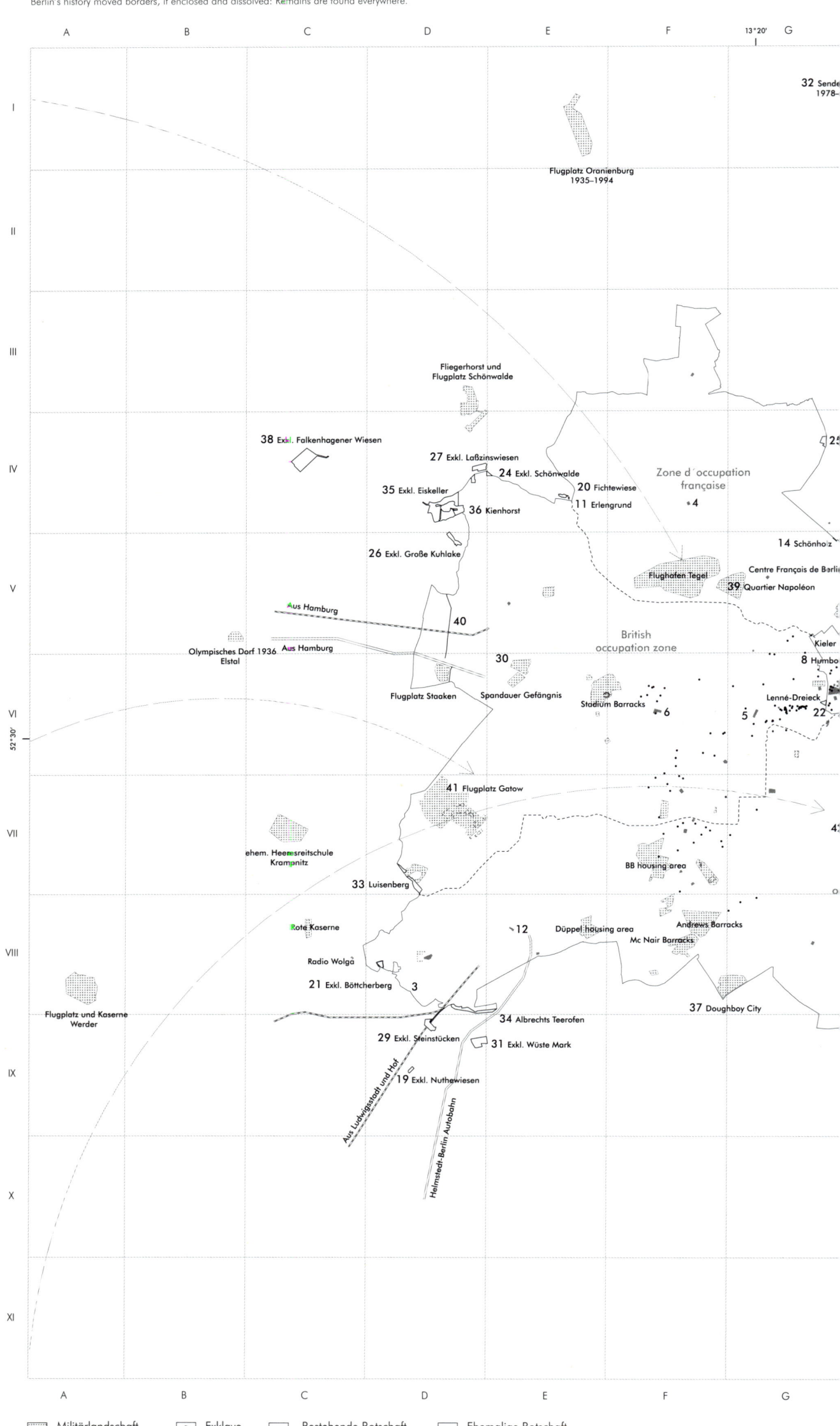

A   B   C   D   E   F   13°20' G

I

32 Sende
1978–

Flugplatz Oranienburg
1935–1994

II

III

Fliegerhorst und
Flugplatz Schönwalde

25

38 Exkl. Falkenhagener Wiesen

27 Exkl. Laßzinswiesen

IV   24 Exkl. Schönwalde   Zone d´occupation
                                française
        20 Fichtewiese
35 Exkl. Eiskeller   11 Erlengrund   • 4
        36 Kienhorst
                                                  14 Schönholz

26 Exkl. Große Kuhlake   Centre Français de Berlin

                                Flughafen Tegel   39 Quartier Napoléon
V
Aus Hamburg   Kieler
                                                  8 Humbo
        40
Olympisches Dorf 1936   30
Elstal Aus Hamburg   Lenné-Dreieck
                                British
VI   Flugplatz Staaken   occupation zone
        Spandauer Gefängnis   Stadium Barracks 5   22
                                        6

                                41 Flugplatz Gatow
VII
ehem. Heeresreitschule   BB housing area   4
Kramnitz
        33 Luisenberg

        Rote Kaserne   12   Andrews Barracks
VIII   Düppel housing area
        Radio Wolga   Mc Nair Barracks
        21 Exkl. Böttcherberg
                3   37 Doughboy City
Flugplatz und Kaserne
Werder   34 Albrechts Teerofen
        29 Exkl. Steinstücken   31 Exkl. Wüste Mark
IX   19 Exkl. Nuthewiesen

X

XI

A   B   C   D   E   F   G

Aus Ludwigsstadt und Hof
Helmstedt–Berlin Autobahn

52°30'

Militärlandschaft   Exklave   Bestehende Botschaft   Ehemalige Botschaft
Military landscape   Exclave   Existing embassy   Former embassy

endorf↑5km

Luftwaffenkaserne

Schönower Heide
1946–1991

ehem.
Heeresbekleidungslager

Panzerkaserne Bernau

chmühler Straße/Lübars

17

28 Schwedter Straße

Berlin-
Hohenschönhausen
Memorial

en

Советская
оккупационная зона

5

7

23

Pionier-Kaserne

hafen Tempelhof

nerican
ation zone

18 Neukölln-Mittenwalder-Dreieck   16

Dahme-Spree-Kaserne

Wolfersdorfer Chaussee

SMAD (bis 1947)

Bücker-Flugzeugwerke

Luftkorridore zwischen West-Berlin und
Westdeutschland (32 km breit) 1945-1990
Air corridors between West Berlin and
West Germany (32 km wide) 1945-1990

M 1:200.000   5 km   10 km

79

VERSCHLUNGENE DÖRFER
SWALLOWED VILLAGES

1851

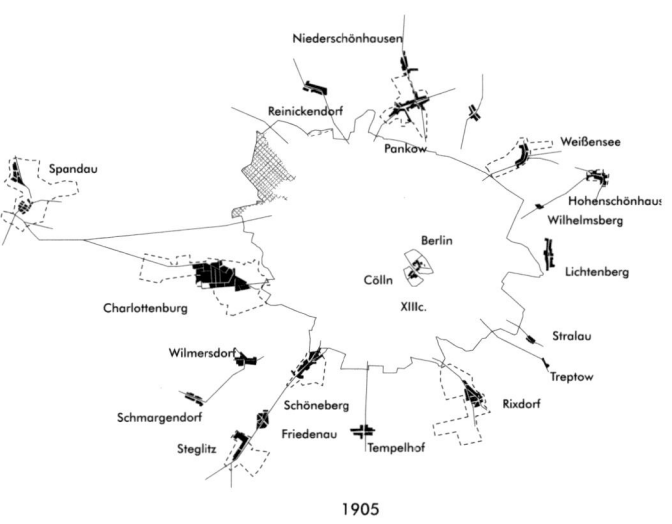

1905

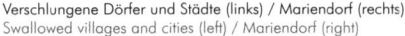

2020

Verschlungene Dörfer und Städte (links) / Mariendorf (rechts)
Swallowed villages and cities (left) / Mariendorf (right)

Berlin entstand bezeichnenderweise als Doppelstadt – von Anfang an erzählte die Stadt mehr als nur eine Geschichte. Doch auch im nahen Umland der Doppelstadt liegen damals weitere, oft viel größere und wichtigere Keimzellen: Dörfer, Siedlungen, Befestigungen und im Falle von Spandau sogar unabhängige Städte. Hier ahnt man im späten Mittelalter kaum, welches Schicksal Berlin-Cölln beschieden ist und dass all die umgebenden Siedlungspunkte schließlich von einem ständig wachsenden Berlin und dessen Planungshoheit verschlungen werden.

Heute sind sie alle, Spandau und Köpenick genauso wie das wohlhabende Charlottenburg und unzählige Dörfer, längst Teil der Stadt und der administrativen Hoheit Berlins. Doch über die Benennung hinaus artikulieren sich viele dieser Strukturen noch immer deutlich im Stadtgrundriss. Insbesondere die Dörfer zeichnen sich durch klar erkennbare Siedlungstypen aus, die als quasi halbverdaute Formen weiter existieren: Straßendörfer entlang einer Route, Kreuzungsdörfer am Treffpunkt zweier Wege oder die weit verbreiteten Angerdörfer mit einer gemeinschaftlichen Mitte.

Die Lesart der Stadt verändert sich, wenn man ausschließlich die frühen Siedlungspunkte kartographiert und zeitlich übergreifend gegenüberstellt. Das Nebeneinander einer Vielzahl von reichhaltigen Orten mit eigener Geschichte und Regelwerk wird beeindruckend durch all die einverleibten, aber nicht verschwundenen Dörfer illustriert und zeigt, dass diese Vielzahlen wichtiger Bestandteil der enormen Reichhaltigkeit Berlins sind. „Berlin ist viele Städte", sagt ein Sprichwort, eine andere Wahrheit ist: Berlin ist viele Dörfer. Die so entstandene polyzentrische Stadt spiegelt sich auch im Bewusstsein der Berliner wider, welche sich oft eher über den Kiez – also die Nachbarschaft – und weniger ihren Bezirk definieren. Diese Beibehaltung lokaler Sonderformen und starker Bindung mit dem eigenen Wohnort ist modellhaft auch in Berlins Umstadt denkbar und wünschenswert.

Eine bloße Erweiterung der Stadtgrenze und Planungshoheit würde Stadt zwar größer denken, aber ein beidseitiger Kooperationsraum entlang der Grenze vermag an dieser besonderen Stelle viel eher dazu beizutragen, Stadt neu zu denken und so die ganze Bandbreite der Qualitäten und Potenziale dieses Raums hervorzubringen. Die Planungsbemühungen werden heute konsequenterweise grenzüberschreitend zwischen Berlin und Brandenburg gedacht, beschränken sich aber vorsichtig auf dichte Bebauungen, die das neue Groß-Berlin als Planungsgebiet nun wie einen sich ins Umland streckenden Oktopus erscheinen lässt. Es fehlt die kohärente Vision für ein Siedlungsband, das urbane Anknüpfungspunkte gewährt, aber auch das Innere mit spezifischen natürlichen Qualitäten kontrastiert. Ein Hochhausviertel, das an ein Moor grenzt, überregionale Elektrofähren neben der Kanalkleinstadt Neu-Venedig, ein Bergdorf auf einer Halde mit Blick über Berlin – und das umgebende Umland. Die polyzentrische Realität der Innenstadt ergänzt sich ganzheitlich um einen facettenreichen Ring, eine neue nachhaltige und diverse Außenstadt.

From the very beginning, Berlin told more than just one story. But even in the immediate vicinity of the dual city, other, often much larger and more important digested germ cells could be found: villages, settlements, fortifications and even independent cities. Here, in the late Middle Ages, one would hardly have suspected the fate that would befall Berlin-Cölln, and that all the surrounding settlements would eventually be swallowed up by a constantly growing Berlin and its planning sovereignty.

Today, each of these former settlements has succumbed to Berlin's radius: Spandau, Köpenick, the prosperous Charlottenburg, and countless villages have long since become part of the city and the administrative sovereignty of Berlin. But beyond the names, many of these entities are still clearly visible in the city's layout, physically and politically. The villages in particular are characterized by clearly recognizable settlement types that persist as readable architectural formations: single-street villages along a route, crossing villages at the meeting point of two paths, or the "Angerdörfer," villages with a lens-shaped common center.

An understanding of the city changes when only the early settlement points are mapped and compared over time. The coexistence of multitudinous entities with their own history and rules is impressively illustrated in the map by all the incorporated – but still visible formations and shows that these multiplicities are an important part of Berlin's enormous spatial richness. "Berlin is many cities," says a proverb. Another truth is: Berlin is many villages. The resulting polycentric city is reflected in the consciousness of Berliners, who often define themselves more through their direct neighborhood ("Kiez") and less through their district. This retention of special local forms and strong ties with one's own place of residence, small-scale relationships in close proximity, is a conceivable and desirable circumstance in Berlin's surrounding area.

A mere extension of the city boundary and planning sovereignty would make the city expand through an offset, but a common zone of cooperation along the border between Berlin and Brandenburg holds more potential to rethink the city at this time and thus evolve the inherent qualities of the periphery. Today, there is an effort of cooperation between Berlin and Brandenburg, but it remains cautiously limited to dense, urban development. In effect, these efforts produce a Greater Berlin that resembles a greedy octopus stretching into the surrounding countryside. What is missing is a coherent vision for a belt of surrounding settlements and curated natural reserves, which could provide urban links, but also contrast the city center with specific natural realms while still being compact and within reach of the center. A high-rise district bordering on a moor, supra-regional electric ferries next to the small canal town of Neu-Venedig, a mountain village on a slag heap with a view over Berlin and the surrounding countryside. The polycentric reality of the inner city could be complemented by a multifaceted ring, a new, sustainable and diverse "outer city."

Tiefwerder 1815
Gosen 1752
Pichelsdorf 1375
Stralau 1358
Grünau 1749
Schmargendorf 1354
Schmöckwitz 1375
Müggelheim 1747

Friedrichshagen 1753
Heinersdorf 1319
Steglitz 1375
Bohnsdorf 1375
Hermsdorf 1200
Karow 1375
Rahnsdorf 1375

Pankow 1311
Niederschönhausen 1375
Marzahn 1300
Blankenburg 1375
Hellersdorf 1375 zu Hellersdorf
Lübars 1247
Tegel 1322

Lankwitz 1239
Weißensee 1313
Dahlem 1275
Dalldorf 1322
Lichtenrade 1375
Marienfelde 1220

Staaken 1273
Tempelhof 1210
Altglienicke 1375
Gatow Gatho 1258
Wartenberg 1270
Mariendorf 1348

zu Buckow
Buckow 1373
Schöneberg 1264
Wilmersdorf 1293
Reinickendorf 1344
Hohenschönhausen 1356
Blankenfelde 1375

Falkenberg 1370
Malchow 1344
Rosenthal 1356
Neukölln Rixdorf 1360
Kladow 1267
Britz 1273

Heiligensee 1308 zu Heiligensee
Buchholz 1242
Mahlsdorf 1753
Kaulsdorf 1347
Rudow 1373
Lichterfelde Lichterfelde 1300 Giesensdorf 1299

Biesdorf 1375
Lichtenberg Lichtenberg 1230 Rummelsburg 1669
Friedrichsfelde 1265
Zehlendorf Zehlendorf 1200 Schönow 1299
Buch 1342

Charlottenburg 1239 Lützow
Köpenick 1232
zu Köpenick
Spandau 1232
Berlin Berlin 1244 Cölln 1237

Kommunale Einheiten vor der Eingemeindung 1920 (Groß-Berlin) / Administrational entities before incorporation of 1920 (Greater Berlin Act):

☐ Stadtgemeinde   ⬚ Gutsbezirk   ⬚ Landgemeinde   ⬚ Kreisfreie Stadt   ☐ Stadtgebiet Berlin

1 km

81

Wie Zellkerne finden sich Dörfer und ursprünglich souveräne Städte innerhalb der sich stetig weitenden Stadtgrenze Berlins.
Like cell nuclei, villages and originally sovereign cities can be found within the constantly expanding city limits of Berlin.

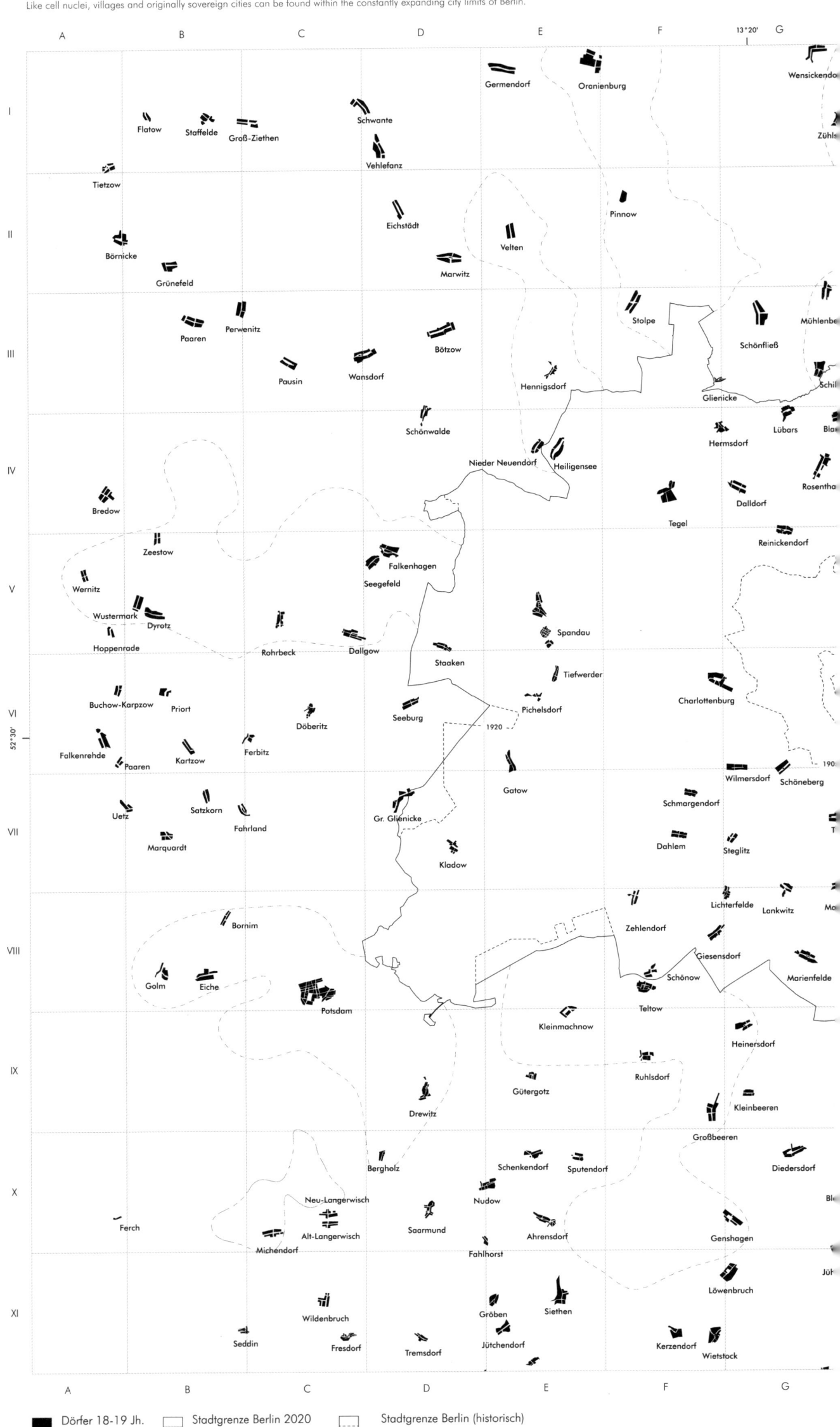

| | Dörfer 18-19 Jh.
Villages 18-19 c | | Stadtgrenze Berlin 2020
Berlin border 2020 | | Stadtgrenze Berlin (historisch)
Berlin border (historical) |

Siedlungsstern (gemeinsame Landesplanung)
Metropolitan area (joint planning Berlin-Brandenburg)

M 1:200.000   5 km   10 km

Peripherie

Der Begriff „Peripherie" meint im allgemeinen Sprachgebrauch „Umkreis", „Randgebiet" (einer Großstadt), die Umfangslinie einer geometrischen Figur oder „am Rand liegend" – jeweils im Gegensatz zu einem Kernbereich. Peripherie leitet sich ursprünglich von altgriechisch: περιφέρω/ periphéro ab und steht für „Umlauf, Kreisumfang" bzw. eigentlich für „das Herumgehen" oder „sich herumbewegen". Erst später beschreibt es als mathematischer Terminus oder "Kreislinie" die geometrische Umfangslinie oder einen Rand.

In der Diskussion um Berlins Entwicklung lässt sich nicht immer klar ausmachen, von welchem Zentrum aus und mit welchen Parametern die Peripherie zu verorten wäre, gerade in einer Stadt, in der über Jahrzehnte die Peripherie durch die geteilte Mitte der Stadt verlief. Wichtiger als die Frage nach ihrem örtlichen Verlauf erscheint allerdings die Debatte um die spezifischen Qualitäten, die sich abseits eines Kernbereiches anders ausgestalten und entwickeln lassen.

Umland

Der Begriff „Umland" bezeichnet die Siedlungsbereiche in der näheren Umgebung der Stadt, teilweise schließt er auch unbebaute oder landwirtschaftlich genutzte Bereiche in Stadtnähe mit ein. Meist findet der Begriff Anwendung für politisch selbstständige Gemeinden und Kreise außerhalb der Stadtgrenze einer Kernstadt, im Falle Berlins also unter anderem Potsdam und alle Städte und Gemeinden der ersten Reihe um Berlin.

Umland (in Bezug auf die bebaute Fläche oft auch „Agglomeration" genannt) ist als Begriff wertvoll. In dem Begriff ist jedoch eine einseitige Betrachtung des Außenbereichs der politischen Stadtgrenze angelegt. Deshalb verschleiert er ohne ergänzende Begrifflichkeiten die notwendige Debatte um gleichartige Räume beidseits der Stadtgrenze. Wir möchten den Begriff Umland für die Berlin umgebenden, politisch getrennten Gemeinden nutzen, die jedoch schon heute vielfältig mit Berlin verflochten und nur in diesen Wechselbeziehungen zu verstehen sind.

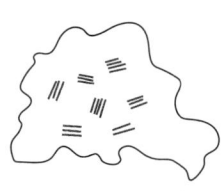 

Umstadt

Im Kontext der momentanen Stadt-Diskussion schlagen wir diesen Begriff vor, der im Gegensatz zu Stadtrand oder Peripherie gegenüber dem Stadtzentrum weniger hierarchisiert, sondern eine Gleichwertigkeit zulässt und auch behauptet.

Als Beitrag zur aktuellen Diskussion scheint es sinnvoll, diesen Begriff nicht an politische oder administrative Grenzen zu knüpfen, sondern vom tatsächlichen Siedlungskörper auszugehen. Umstadt meint daher alle bebauten und benachbarten Bereiche jenseits der Kernstadt, die gleichwohl in klarem räumlichen Zusammenhang zu Berlin

Periphery

In common parlance, "periphery" refers to the perimeter, a peripheral area (of a large city), the perimeter of a geometric figure, or something positioned at the edge of something else. In each case, the periphery can't exist without being tied to a core area. The word is originally derived from ancient Greek: περιφέρω / periphéro, typically translated as "circulation, circumference" or as "walking around" or "moving around." Only later did it take on its meanings as a mathematical term or "circle line" - the geometric perimeter or edge.

In discussions of Berlin's development, it is not always clear which "center" the periphery relates to, and by what parameters it might be defined. This is, after all, a city where the periphery for decades ran through the city's broken heart. More important than the question of the periphery's location, however, is the debate over specific characteristics that can be shaped and developed differently outside a core area than they can within it.

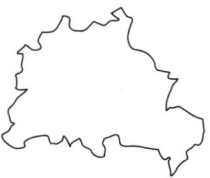 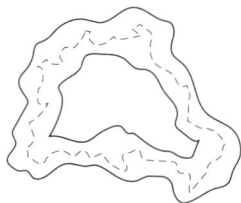

Surrounding Area

The term "surrounding area" refers to settled land in the immediate vicinity of the city, sometimes including farmland or undeveloped zones. In most cases, the term describes politically independent municipalities and districts outside the borders of a core city. For Berlin, that includes Potsdam and other towns and municipalities in the first ring around the city.

Surrounding area (or "agglomeration" when referring to built-up zones) is valuable as a term. However, when taken on its own, without additional explanation, the word expresses a one-sided view of the outer area of the political city border, obscuring a needed debate about similar spaces on both sides of what is ultimately a fairly arbitrary line. We would like to use the term "Umland" for the politically separate communities surrounding Berlin, which are today in many ways interwoven with the city itself and can only be understood via these interrelationships.

Umstadt (Surrounding City)

In the context of the current urban discussion, we propose this term, which, in contrast to "outskirts" or "periphery/center," is less hierarchical and allows - even asserts - an equivalence.

It makes sense not to tie the Umstadt to political or administrative boundaries, but rather to start from the actual settlement body. Umstadt therefore refers to all built up and neighboring areas beyond the core city, which nevertheless have a clear spatial relationship to Berlin. Thus Umstadt includes neighborhoods in Berlin and in the surrounding state of Brandenburg, focusing the debate on the need for common and coordinated development of these areas.

stehen. Somit schließt Umstadt Nachbarschaften in Berlin, aber auch in Brandenburg ein und lenkt die Debatte auf die Notwendigkeit einer gemeinsamen und koordinierten Entwicklung dieser Bereiche.

Suburban

Der Begriff wird im allgemeinen Sprachgebrauch genutzt für den Randbereich einer Stadt, er leitet sich ab von „Suburbium" (lateinisch: Vorstadt, Vorburg) und beschreibt historisch eine Siedlung, die einer Befestigung vorgelagert ist. Im Laufe des städtischen Wachstums standen das Innen und Außen oft in einer Wechselbedingung, und nach einiger Zeit wurden die Suburbien meist selbst Bestandteil der wachsenden Stadt.

Heute wird „suburb" (Vorort) im Englischen oft für generische Stadtrandsiedlungen genutzt. Wo aber in den USA die urbane Intensität analog zum Epizentrum eines Erdbebens oft nach der Entfernung zum Mittelpunkt gemessen werden kann, lässt sich dieses Modell nicht auf Berlin übertragen. Für Berlin und seinen so divers und komplex entwickelten Stadtkörper ist der Begriff des Suburbanen eher irreführend. Man findet vielerorts eher ein „anders urban" oder „para-urban" vor, aber keinen wirklich suburbanen Zustand.

(Urbanes) Arkadien

Arkadien (neugriechisch: Αρκαδία/Arkadia) ist eine Landschaft im Zentrum der Peloponnes und einer der fünf Regionalbezirke der griechischen Region Peloponnes. Gleichzeitig beschreibt Arkadien ein Sinnbild, einen symbolisch verstandenen räumlichen Zustand, in dem der Mensch mit seiner Umwelt im Einklang existiert.

Denkt man den Begriff im Kontext der aktuellen Stadtentwicklung Berlins weiter und spekuliert über ein urbanes Arkadien, so impliziert dieses Gleichzeitigkeit und Ausgewogenheit von Flora, Fauna und urbanen Elementen. Gerade die weniger dicht bebauten Nachbarschaften am Rand Berlins eignen sich für die Entwicklung mit solch einem Leitbild. Durchgrünt, in offener Bauweise und nicht zu städtisch, das sind die möglichen Ausgangsparameter für den Umbau zu einer anderen Art von Stadt, die im Gegensatz zum verdichteten Kernbereich eine eigenständige Identität und gegenbildliche Qualitäten entwickelt: eine horizontale und grüne Stadt als vielfältiger Lebensraum für ein Wohnen im Gleichklang.

Suburban

The term, derived from "suburbium" (Latin: suburb), is commonly used to describe the outskirts of a town, and historically referred to the enclosed and protected area just outside the inner sanctum of a castle or fortification. In the course of urban growth, the inside and outside typically became intertwined via commerce and social ties, and after some time the suburbiums themselves were often incorporated into the growing city.

Today "suburb" refers to generic suburban settlements. In American usage the distance to the center frequently determines the level of urban activity of any given neighborhood - something like proximity to the epicenter of an earthquake - but this model cannot be applied to Berlin. Given the city's diversity and the complex development of the urban body, the term suburban is misleading. In many places, one is more likely to find areas that are "differently urban" or "para-urban," but not truly suburban.

(Urban) Arcadia

Arcadia (modern Greek: Αρκαδία/Arkadia) is an area in the center of the Peloponnese in Greece and one of the peninsula's five administrative districts. At the same time Arcadia describes an ideal, a spatial state in which man exists in harmony with his environment.

In discussions of the development of Berlin today, it's possible to imagine an "urban Arcadia." In that context, the term implies simultaneity and balance of flora, fauna, and urban elements. The less densely built neighborhoods at the fringes of Berlin are particularly suitable for this sort of development: ample green space, with gaps between buildings, and not too urban. These are the possible starting parameters of a conversion to a different kind of place that, in contrast to the dense core area, develops an independent identity and counter-image: a horizontal and green city offering a diverse space for living in harmony.

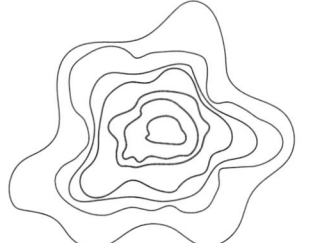

A

Topografische Karte Berlin, Höhe, Relief, [Digitale Karte]. Abgerufen Juni 2020 von https://de-de.topographic-map.com/maps/6490/Berlin/

B

Geologische Spezialkarte von Preussen und den Thüringischen Staaten (1937), [Kartensammlung], Maßstab 1:25.000, Berlin: Kraatz, 1937.

Geologischer Atlas von Berlin: Grundwassergleichkarte von Berlin, [Karte], Maßstab 1:50.000, Berlin: Senatsverwaltung für Umwelt, Verkehr und Klimaschutz, 2018.

Geologische Übersichtskarte, [Digitale Karte], Maßstab 1:300.000, © LBGR Brandenburg Geoportal Berlin, Esri, HERE, Garmin, USGS, HGA. Abgerufen Juni 2020 von <Http://www.geo.brandenburg.de/lbgr/bergbau>

C

Ritzau, Carsten: *Moor – eine verlorene Landschaft,* Vorträge anlässlich eines Symposiums in Oldenburg vom 5.–7. November 1999 (Deutsch), Oldenburg: Florian Isensee GmbH . 2001.

Gorke, Martin: *Prozessschutz aus der Sicht einer holistischen Ethik* : Natur und Kultur 7/1 (2006): S.88-S.107. Online verfügbar unter: www.umweltethik.at/prozessschutz_aus_s cht_einer_/

Müller, Gustav: *Kiessling's Grosse Special-Karte der Umgegend von Berlin,* [Karte], Maßstab 1:75.000, Berlin: Alexius Kiessling, ca. 1896.

Referenzierte Moorbodenkarte des Landes Brandenburg, [Digitale Karte], Maßstab 1:350.000, Aggregierter Auszug aus dem MoorFIS-Brandenburg Auftraggeber: Ministerium für Infrastruktur und Landwirtschaft des Landes Brandenburg (MIL), 2014.

D

Gewässeratlas von Berlin, [Digitale Karte], Maßstab nicht angegeben, Berlin: Senatsverwaltung für Stadtentwicklung, 2002.

F

Wertvolle Flächen für Flora und Fauna, [Karte], Maßstab 1:50.000, Senatsverwaltung für Stadtentwicklung und Umweltschutz, Berlin: Zimmermann & Co., 1995.

A

Lingner, Reinhold: *Aufgaben und Ziele der Grünplanung,* der Bauhelfer. Heft 4, 2 Februarheft, Berlin: 1947.

Lingner, Reinhold: *Die Unterbringung unverwertbaren Trümmerschuttes in Berlin: Straßen und Tiefbau,* 1948.

B

Bousset, Johannes: *Die Eröffnung des Untergrundbahnhofes Pankow (Vinetastraße),* Berlin: BVG und NSAG, 1930.

Bousset, Johannes: *Die Untergrundbahn vom Alexanderplatz durch die Frankfurter Allee nach Friedrichsfelde (Linie E) und die Erweiterung der Linie C vom Bhf. Bergstraße über den Ringbhf. Neukölln zum Bhf. Grenzallee: Festschrift zur Eröffnung am 21. Dezember 1930.* Berlin: BVG und NSAG, 1930.

Dietmar, Arnold und Sven Felix Kellerhoff: *Unterirdisch in die Freiheit: Die Fluchttunnel von Berlin,* Berlin: Ch. Links Verlag, 2015.

C

Stadtplan & Liniennetz, [Digitale Karte], Maßstab nicht angegeben, Berliner Verkehrsbetriebe (BVG), 2020.

D

Schmettau, Friedrich Wilhelm Karl Graf von: *Schmettausches Kartenwerk (1767–1787),* [Kartenwerk], Maßstab 1:50.000, Berlin: ca.1787.

E

Grundlicher Abriß, der königl. Haupt- und Residenz Stadt Berlin, [Karte], Maßstab 1:2.700, ca. 1712.

Möllendorf, Wichard von: *Grundriss von Berlin,* [Karte], Maßstab 1:15700, Berlin: A. Bolzani, 1826.

Stadtbefestigungen in der Mark Brandenburg. Tore, Türme, Mauern, Nr. 5, Berlin: Die Mark Brandenburg, 1992.

F

Topographische Karte der Gegend um Berlin, [Karte], Maßstab 1:100.000, Berlin: Simon Schropp'sche Hof-Landkartenhandlung, Berliner Lithographisches Institut, ca. 1880.

Topographische Karte von Berlin und Umgebung, [Karte], Maßstab 1:25.000, Berlin: Simon Schropp et Comp., 1829.

A

Bebauungspläne, vorhabenbezogene Bebauungspläne (Geltungsbereiche), [Digitale Karte], Geoportal Berlin, Senatsverwaltung für Stadtentwicklung und Wohnen Berlin. Online verfügbar unter: https://fbinter. stadt-berlin.de/fb/index.jsp?loginkey=z oomStart&mapId=bplan@senstadt&bb ox=388561,5818206,394730,5822442

B

Baunutzungsplan der Bezirke II, III, VI, VII, VIII, IX, X, XI, XII, XIII, XIV, XX von Berlin 1958/60, [Karte], Maßstab 1:25.000, Berlin: der Senator f. Bau-u. Wohnungswesen Berlin V, 1961.

C

Dörrbecker, Maximilian: *Karte der Berliner Wasserstraßen,* [Karte], Maßstab nicht angegeben, 2008. Online verfügbar unter: https://commons. wikimedia.org/wiki/File:Karte_der_Berliner_ Wasserstra%C3%9Fen.png#/media/File:Karte_ der_Berliner_Wasserstra%C3%9Fen.png

D

Wasserwander-Atlas: Berlin und Brandenburg. Märkische Gewässer, [Karte], Maßstab 1:100.000, Innsbruck, Austria: Kompass, 2010.

E

Straube, Julius: *Übersichtsplan der Stadt Berlin nach dem Gesetze vom 27. April 1920,* Maßstab 1:60.000, Berlin: 1920.

F

Klöden, Karl Friedrich: *Berlin und Kölln im Anfang des 13. Jahrhunderts,* Berlin: W. Pauli's Nachfahren, 1900, S. 101

Rach, Hans-Jürgen: *Die Dörfer in Berlin: Ein Handbuch der ehemaligen Landgemeinden im Stadtgebiet von Berlin.* Berlin: Akademie der Wissenschaften der DDR, 1990.

Über Berlin, Kartenmappe – Berlin von oben (Luftbildpläne, Ansichten, Übersichtskarten von 1237 bis 2010). [Kartensammlung]. Bien & Giersch Projektagentur GmbH, Berlin, 2010.

Durch Berlin – Luftbildkarten, Stadtpläne und Vogelschauansichten von 1891 bis heute, [Kartensammlung], Berlin: Bien & Giersch Projektagentur, 2015.

Prang, Hans und Horst Günter Kleinschmidt: *Durch Berlin zu Fuß:* Wanderungen in Geschichte und Gegenwart, Berlin: VeB Tourist Verlag, 1983.

© 2020 Google
© 2020 GeoBasis-DE/BKG
© OpenStreetMap contributors

IMPRESSUM IMPRINT

AUTOREN AUTHORS
Sebastian Felix Ernst
Jonas Tratz / FAKT

ZEICHNUNGEN DRAWINGS
FAKT - Office for Architecture
Sebastian Felix Ernst
Jonas Tratz

HERAUSGEBER EDITORS
Andreas Ruby
Ilka Ruby

DRUCK PRINTING
Legatoria Editoriale Giovanni Olivotto L.E.G.O. SPA

REDAKTIONELLE MITARBEIT EDITORIAL ASSISTANCE
Oksana Chebina (CA)
Claudia Borroni
Polina Moskalenko
Jolene Lee
Hanna Kosharna
Luis Druschke
Esteban Lamm
Leonard Kaupp

LEKTORAT COPY-EDITING
Andreas Ruby
David Rocks

KORREKTORAT PROOFREADING
Andrea Mayer
Esmé Rocks

REDAKTIONELLE PRODUKTION EDITORIAL PRODUCTION
Sebastian Felix Ernst
Sebastian Kern
Martin Tessarz
Jonas Tratz

DANKSAGUNG ACKNOWLEDGMENTS
Initial Research was carried out by students of FH Anhalt / DIA Dessau. The program was initiated by
Studio FAKT / Sebastian Felix Ernst and Jonas Tratz.
We would like to thank Jasper Cepl for his time and great support.

This publication was made possible through the generous support of
EUROVIA, GUEDIRI and ANTON SCHMITTLEIN CONSTRUCTION.

Schriften / Typeface: Futura, Aqua Grotesque
Papier / Paper: Munken Print White 115 g/qm 1.8 vol

Die Deutsche Bibliothek lists this publication in the Deutsche Nationalbibliographie.
Detailed bibliographic data is available on the internet at www.dnb.de.

1. Auflage / 1st edition 2021
© 2021 Ruby Press, Berlin

2. Auflage / 2nd edition 2023
© 2023 Ruby Press, Berlin

© The authors for their texts and images

Ruby Press
Schönholzer Str. 11
10115 Berlin
Germany

www.ruby-press.com
ISBN 978-3-944074-36-8